L'HYPNOTISME
ET
LE SPIRITISME

Dʳ JOSEPH LAPPONI

MÉDECIN DE LEURS SAINTETÉS LÉON XIII ET PIE X

L'HYPNOTISME
ET
LE SPIRITISME

ÉTUDE MÉDICO-CRITIQUE

PARIS
LIBRAIRIE ACADÉMIQUE
PERRIN ET Cⁱᵉ LIBRAIRES-ÉDITEURS
35, QUAI DES GRANDS-AUGUSTINS, 35
1907

Tous droits de reproduction et de traduction réservés pour tous pays.

INTRODUCTION

1. — La question de l'hypnotisme et du spiritisme est d'une importance si considérable qu'il n'y a, pour ainsi dire, personne aujourd'hui qui n'éprouve la nécessité ou le désir de s'en occuper et d'en parler.

Mais bien rares sont ceux qui se trouvent en état de s'en occuper et d'en parler avec compétence, après mûr examen. Et c'est ainsi qu'il ne manque point d'hommes, même instruits, qui tiennent l'hypnotisme et le spiritisme pour une seule et même chose, ou encore pour deux choses fort peu différentes l'une de l'autre; ou qui confondent les phénomènes du spiritisme avec ceux qui appartiennent en propre à l'hypnotisme; ou qui, enfin, attribuent aux uns de ces phénomènes la nature et le caractère des autres.

Et il ne saurait en être autrement, lorsque l'on songe à la grande quantité de notions biologiques que l'on est forcé de posséder pour pouvoir porter, sur quelques-uns de ces phénomènes, un jugement quelque peu exact.

2. — Aussi n'est-ce point sans motif que plusieurs des personnes qui m'ont fait l'honneur de suivre mon cours d'anthropologie appliquée[1], et bon nombre d'autres personnes distinguées s'occupant des sciences morales et sociales, m'ont instamment prié, à maintes reprises, de traiter à fond cette question complexe, — à peine esquissée par moi dans mes leçons, — de manière à leur permettre d'en avoir une connaissance qui pût leur suffire pour les besoins les plus courants de la vie pratique.

Et, certes, mon désir aurait été de me rendre aussitôt à ces vives prières, venant de personnes qui m'avaient témoigné autant de bienveillance. Mais des circonstances imprévues

---

[1] A l'Academie Romaine des Conférences historico-juridiques.

m'ont longtemps forcé de m'en tenir à la promesse que, un jour, j'essaierais de donner satisfaction à ce que l'on voulait bien réclamer de moi.

3. — Or, chose promise est chose due ; et les ajournements, même les mieux justifiés, doivent avoir un terme. Je vais donc, enfin, m'efforcer d'exposer tout ce que j'ai pu apprendre, touchant ces matières, en partie par mon observation personnelle, en partie par l'étude patiente et minutieuse de faits qu'ont observés, contrôlés, et rapportés des naturalistes à qui leur science assure une compétence de premier ordre, et que leur loyauté place au-dessus de tout soupçon.

Du reste, tout ce que j'aurai à dire sur le sujet de l'hypnotisme se trouve désormais pleinement admis dans le domaine des sciences positives, et, en particulier, des sciences physio-pathologiques. Quant à ce que j'aurai à dire du spiritisme, le lecteur jugera par lui-même si les faits que je rapporterai doivent être accueillis comme vrais, et s'il peut approuver l'interprétation que l'étude critique de ces faits me portera à en donner.

4. — Mais, pour que la question soit mise suffisamment en lumière dans toutes ses parties, il me paraît bon de commencer par un bref aperçu historique aussi bien de l'hypnotisme que du spiritisme. J'exposerai ensuite les phénomènes propres à l'hypnotisme et au spiritisme, en indiquant les autorités qui nous prouvent, du moins en partie, l'existence bien réelle de ces phénomènes. Puis, après avoir examiné les analogies et les différences de ces deux ordres de faits, je rechercherai la nature intime des uns et des autres, en ne manquant point de citer les explications très diverses qu'on a voulu donner de leur origine. Et je noterai enfin les effets sociaux et individuels de l'hypnotisme et du spiritisme, comme aussi les mesures que j'estime indispensable que prennent, à l'égard de l'un et de l'autre, ceux à qui est confié le soin de l'ordre moral et social de la collectivité humaine.

L'HYPNOTISME
ET
LE SPIRITISME

CHAPITRE I

ESQUISSE HISTORIQUE

I. — L'Hypnotisme

1. — Les anciens ont connu, probablement sous le nom de « magie », le plus grand nombre des faits qui se rapportent à l'hypnotisme moderne.

C'est chose certaine que ces faits n'ont pas été ignorés des Mèdes, des Chaldéens, des brahmines de l'Inde, et des prêtres de l'ancienne Égypte. Maintes pratiques dont la description a été lue par F. Lenormant sur des monuments ornés de caractères cunéiformes; maints cas rapportés par Maspero dans son *Histoire ancienne des Peuples de l'Orient*[1]; maints événe-

---

[1] Paris, 1886; pp. 70 et 142.

ments célèbres de la vie des premières sociétés humaines ; enfin les opérations qu'accomplissent, aujourd'hui encore, les brahmines indiens, gardiens fidèles des traditions sacrées de leur caste : tout cela vient nous attester la haute antiquité des procédés qui constituent, de nos jours, l'hypnotisme. Et, pareillement, les guérisons extraordinaires de maladies nerveuses qui, au temps des Égyptiens, s'opéraient dans le temple de Sérapis devaient être, presque sans aucun doute possible, des effets de suggestions hypnotiques.

Dans un papyrus écrit en langue égyptienne hiératique, 3000 ans environ avant notre ère, et traduit en 1860 par Chabas, les procédés d'application de ce que nous appelons aujourd'hui l'hypnotisme se trouvent largement exposés. De même encore, il n'est pas douteux que les prêtres de la Grèce ancienne ont connu familièrement nos pratiques d'hypnotisme. Et il semble bien que ce soit à des accès hypnotiques, spontanés et inconscients, qu'aient été sujettes les Sibylles, dont on sait qu'elles prophétisaient l'avenir, après être d'abord tombées en convulsions[1].

[1] Dr C. Conca. *Isterismo e Ipnotismo*, Naples, 1888, p. 48.

2. — Durant la période suivante, par l'effet soit du changement des mœurs ou de l'envahissement de la barbarie, les hommes ont oublié beaucoup de ce qu'ils avaient connu jadis du mécanisme producteur, des propriétés, et des résultats de certains phénomènes naturels. Mais l'hypnotisme, lui, n'en a pas moins continué d'exister. Comme un phénomène morbide spontané, il s'est abondamment répandu dans l'Europe entière. Cela nous est assez prouvé par l'histoire des sorcières du moyen âge, telle que nous l'a racontée, entre autres, notre grand Italien Cesare Cantù[1]. Et bien que la plupart (je dis *la plupart*, mais non *la totalité*) des innombrables personnes qui, à cette époque, passaient pour s'adonner à la sorcellerie, aient été périodiquement accusées de participer à certains sabbats nocturnes, mystérieux et ignobles, il nous paraît aujourd'hui à peu près hors de doute que ces personnes n'étaient, en réalité, que de misérables hallucinés soumis à un état de suggestion hypnotique. C'est ce qu'ont reconnu et déclaré, notamment, dès

---

[1] C. Cantù, *Storia universale*, 10ᵉ édition, Turin, 1888. T. VIII, pp. 292-304.

l'époque de la Renaissance, Ulrich Molitor[1], André Alciat[2], Reginald Scot[3], Celse Cesalpin[4], Jean Wierio[5], et surtout l'illustre jésuite Frédéric Sprée.

Ce dernier a eu le courage d'affirmer que, parmi les femmes condamnées, dans son pays, pour sorcellerie, le plus grand nombre, sinon toutes, avaient été condamnées sans être coupables. « J'atteste sous serment, nous dit-il, n'avoir jamais accompagné au supplice aucune de ces créatures dont on pût établir raisonnablement qu'elle était coupable ; et deux théologiens, hommes d'une bonne foi parfaite, m'ont avoué que cette opinion était aussi la leur. Et cependant j'ai employé tous les moyens possibles pour me renseigner bien exactement[6]. »

Ce qui paraît sûr, en tout cas, c'est que les savants anciens jugeaient utile et sage d'en-

---

[1] *De Pythonicis mulieribus*, Pavie, 1480.
[2] *Parergon Juris*, 1530.
[3] *Discovery of Witchcraft*, 1584.
[4] *Demonum Investigatio*, Florence, 1550.
[5] *De Lamiis*, Bâle, 1564.
[6] C. Cantù, *op. cit.*, VIII, p. 297.

tourer de mystère les connaissances qu'ils possédaient touchant certaines questions, et que, ainsi, le peuple du moyen âge a subi, sans les connaître, les graves effets des phénomènes hypnotiques.

3. — Le médecin allemand Mesmer a été l'un de ceux qui, les premiers, se sont décidés à révéler au public profane des mystères scientifiques soigneusement tenus secrets par leurs prédécesseurs ; et c'est en grande partie ces mystères qu'il a pris pour base de sa doctrine du *Magnétisme animal*. En fait, beaucoup de ses prétendus prodiges n'étaient que des phénomènes de caractère hypnotique : c'est ce que nous démontrent, à la fois, et la nature des effets obtenus par lui, et la qualité des moyens où il avait recours, — la chaîne des mains, le baquet, le fixement du regard, les contacts, les bruits imprévus.

Mais Mesmer, tout en introduisant dans la science la dénomination de « magnétisme animal » ne prétendait pas que ces mots signifiassent véritablement, — comme l'indiquait leur étymologie, et comme l'a plus tard affirmé A. Lombard, —« une influence puissante de l'esprit animal sur la matière organique[1] ». C'est à toute autre chose qu'il faisait allusion, en réunissant ces deux mots pour leur faire désigner l'ensemble des phénomènes qu'il révélait au public.

Docteur en médecine de la Faculté de Vienne, Mesmer, dans une dissertation publiée en 1765, *De planetarum influxu*, avait soutenu, — à la suite de Paracelse, d'Agrippa, et du fameux Jérôme Cardan de Pavie, — que les astres exerçaient sur les corps vivants une action directe, au moyen d'un fluide impondérable qui pénétrait tout.

Plus tard, il fut frappé du récit des cures merveilleuses que Gilbert, Glocerius, Van Helmont (au XVIᵉ siècle), et, après eux l'Anglais Robert Fludd, affirmaient avoir obtenues par l'application de l'aimant et de plaques métalliques sur le corps des malades. Plus vivement encore il fut frappé de certains effets biologiques obtenus par l'un de ses contemporains, le P. Hell, jésuite et très habile physicien, sur des animaux et des hommes, au moyen de l'aimant. Et ainsi Mesmer s'imagina que l'aimant, (appelé

---

[1] A. Lombard. *Les dangers du magnétisme animal*, Paris, 1819.

par les physiciens *magnetum*), lorsqu'on le mettait en rapport avec l'organisme animal, pouvait agir sur lui de la même manière que les astres, au moyen d'un fluide qui lui était propre, le « fluide magnétique ».

Enfin, jaloux des succès de plus en plus retentissants remportés par le P. Hell, dans le traitement des maladies, par l'application de son aimant, Mesmer s'est avisé de faire revivre les idées de Paracelse, de Ficin, de Pomponace, et d'un autre jésuite, le P. Kircher, au sujet de l'influence que certains hommes pouvaient exercer sur l'organisme d'autres hommes[1]. Il affirmait que, de la même façon que l'aimant, les mains et les yeux de certains individus pouvaient avoir une action physique sur autrui, par l'entremise d'un fluide spécial qui émanait à volonté de leur organisme, à la manière de ce liquide noir que répandent dans l'eau les seiches pour échapper à leurs ennemis. Et il supposait que ce fluide spécial, propre aux animaux, était pareil à celui qui rayonne de l'aimant.

Ses doctrines ayant été combattues à Vienne,

---

[1] C. Conca, *op. cit.*, pp. 52, 53.

Mesmer, en 1778, se rendit à Paris. Là, il formula plus explicitement sa thèse d'un fluide pouvant émaner, à volonté, de l'organisme animal. Et, se fondant sur l'analogie qu'il croyait reconnaître entre ce fluide et celui de l'aimant, il l'appela « magnétisme animal » : c'est le titre qu'il donna, en 1779, à un mémoire qui eut tout de suite une renommée et une diffusion énormes, encore qu'il nous paraisse aujourd'hui bien nébuleux et trop souvent incompréhensible.

Et la dénomination inventée par lui a semblé si heureuse qu'on n'a point tardé à l'appliquer non seulement au soi-disant fluide, — toujours supposé et jamais démontré, — mais à l'ensemble des faits allégués pour prouver son existence, et même à toute la doctrine qui en est dérivée : bien que, pour cette doctrine, les successeurs de Mesmer aient préféré le nom de *mesmérisme*, en honneur et en souvenir de leur maître, tandis qu'ils réservaient le nom de *magnétisme animal* au fluide lui-même, ou à l'ensemble des faits dont ils prétendaient déduire sa réalité.

4. — La doctrine du *mesmérisme* fut d'abord accueillie avec une faveur presque fanatique par la foule, et même par des hommes éminents, comme

Deslon, régent de la Faculté de Médecine de Paris, et par le roi Louis XVI. Mais ensuite, en l'année 1784, cette doctrine fut jugée très sévèrement par une commission de savants, dont le rapporteur fut le célèbre Bailly[1]. Cette commission, tout en condamnant comme dangereux pour la société, pour la morale, et pour la santé physique les faits qui servaient de fondement au mesmérisme, déclara que l'élément merveilleux de ces faits dépendait, en très grande partie, de l'imagination ou de l'imitation. Aussi la doctrine du médecin viennois tomba-t-elle bien vite en discrédit; et Mesmer lui-même, pour fuir les ennuis et vexations où il se voyait exposé, crut devoir, en 1785, quitter la France et se transporter en Angleterre.

5. — Dans le temps même où le mesmérisme était condamné au nom de la science, en 1785, un charlatan sicilien d'origine juive, Joseph Balsamo, plus connu sous son nom d'emprunt de comte Alexandre de Cagliostro, tenta de faire revivre cette doctrine, en y mêlant de prétendus prodiges de physique, de chimie, et d'autres

---

[1] Bailly, *Rapport de la commission chargée de l'essai du Magnétisme animal*, Paris, 1784.

sciences alors demeurées occultes, ainsi que des excentricités et des superstitions de tous genres, et aussi des pratiques analogues à celles qui, aujourd'hui, constituent le spiritisme. L'objet de cet aventurier était de faire servir à son profit les idées de Mesmer. Mais sa tentative n'eut jamais rien de sérieux, ni en théorie, ni en pratique scientifique; et le bruit qu'elle souleva fut de très courte durée. Le seul résultat effectif qu'elle produisit fut de faire naître dans les esprits, entre les faits du mesmérisme et ceux que nous attribuons aujourd'hui au spiritisme, une confusion fâcheuse, et si complète que, aujourd'hui encore, bien des gens ne parviennent pas à s'y soustraire pleinement.

Impliqué dans des affaires louches, Cagliostro, dès 1787, était déjà en prison, et en exil dès 1788. L'année suivante, il se rendit à Rome, où il trouva la fin qui lui était due. Son étoile était à jamais éteinte. Mesmer, de son côté, pendant nombre d'années encore, put jouir en paix, à Londres, du fruit de ses élucubrations, mal digérées, et toutes pleines d'affirmations inexactes. Revenu enfin dans sa patrie, il y mourut en mars 1815.

6. — Cependant le mesmérisme n'avait point disparu en même temps que ses deux choryphées.

Au moment où la doctrine de Mesmer était le plus combattue au nom de la science officielle, un disciple du médecin allemand, le marquis de Puységur, en 1784, découvrait le *somnambulisme artificiel*[1]. En 1787, le Lyonnais Pétetin découvrait et étudiait la *catalepsie artificielle*[2]; en 1810, le général Noizet présentait à l'Académie de Berlin un mémoire (publié ensuite à Paris, en 1814) sur le *Somnambulisme et le Magnétisme animal*.

Vers le même temps surgissait l'abbé Faria, un Portugais qui, étant allé aux Indes, y avait appris des brahmines maintes pratiques hypnotiques. Observateur exact et précis, il niait l'existence de tout fluide magnétique, et tentait de démontrer que, dans les prodiges du magnétisme animal, tout n'était qu'un produit de l'imagination[3].

---

[1] *Mémoire pour servir à l'étude du Magnétisme animal* (publié sans nom d'auteur), 1784; Deleuze, *Histoire critique du Magnétisme animal*, 1813, t. II.
[2] Pétetin, *Mémoire sur la Catalepsie et le somnambulisme*, Lyon, 1787.
[3] De Faria, *De la cause du sommeil lucide*, Paris, 1819. p. 41.

Mais ni ses négations ni ses affirmations ne parvinrent à trancher les racines du mesmérisme. Si les interprétations offertes par celui-ci étaient fausses, les faits qu'il avait révélés étaient bien réels ; et des hommes d'une intelligence d'élite s'employaient à isoler ces faits des scories où les avaient enveloppés les mesméristes, pour les coordonner scientifiquement. En 1852, Dupotet publiait son *Traité complet du Magnétisme animal;* et Alexandre Bertrand faisait, sur le même sujet, un cours libre devant une foule d'auditeurs venus de toutes parts.

7. — En 1825, Foissac avait prié l'Académie de Médecine de Paris de revoir le rapport présenté par Bailly en 1784[1]. En 1826, après une lutte des plus vives, l'Académie décida d'accueillir la demande de Foissac, et nomma une commission, dont le rapporteur fut le savant Husson. Puis, après six années d'études, la susdite commission présenta à l'Académie un volumineux rapport où un grand nombre de faits, physiques et psychiques, relatifs au « magnétisme animal », étaient reconnus exacts ; et la

---

[1] Burdin et Dubois, *Histoire académique du Magnétisme animal*, Paris 1841, p. 278.

ommission, après avoir fourni de ces faits une interprétation fort insuffisante, proposait des règles pour empêcher les abus. Mais cette commission, induite en erreur par la fourberie de l'un des sujets examinés par elle, fit la faute d'accueillir comme vrais, à côté des phénomènes réels et certains du magnétisme animal, d'autres phénomènes douteux, incertains, ou absolument faux ; circonstance qui allait être longtemps fatale pour l'étude et les progrès de l'hypnotisme.

En 1837, un jeune médecin, Berna, annonça à l'Académie de Médecine de Paris qu'il se faisait fort de démontrer la réalité du magnétisme animal au moyen de phénomènes de *clairvoyance*, de *double vue*, de *capacité de prédire l'avenir*, etc. L'Académie, qui ne songeait plus au magnétisme animal, et qui avait laissé tomber dans l'oubli jusqu'au précieux rapport d'Husson, accepta de soumettre à un examen les faits présentés par Berna. Mais les expériences de celui-ci échouèrent complètement ; et, à la suite d'un rapport de Dubois d'Amiens, l'Académie, en 1837, condamna définitivement le magnétisme animal comme une simple imposture. Toutes les protestations d'Husson furent impuissantes à tempérer la rigueur de cette sentence. Et la justesse de celle-ci apparut encore plus raisonnable et plus certaine aux hommes de science après l'issue infructueuse du défi de Burdin, qui, en 1837, avait promis une prime de trois mille francs à toute personne qui serait capable, en état de magnétisme, de lire un écrit dans l'obscurité sans le secours des yeux : fait que Berna avait déclaré non seulement possible, mais absolument incontestable[1]. Burdin, en publiant son défi, en avait fixé les limites à trois ans. Lorsque ces trois ans furent écoulés, l'Académie, en 1840, accueillit la proposition de Double, et décréta que, désormais, jamais plus elle ne s'occuperait ni des magnétiseurs, ni du magnétisme.

8. — Mais, peu de temps après, un chirurgien anglais de Manchester, Jacques Braid, expérimentateur habile et observateur ingénieux, remit à l'examen les faits allégués par les mesméristes. Il en confirma quelques-uns, et proclama le résultat de ses recherches dans un ouvrage excellent, publié en 1843. Voulant éviter que les vieilles appellations de *mesmérisme* et de

---

[1] Burdin et Dubois, *op. cit.*, pp. 570-630.

magnétisme animal continuassent à faire obstacle à la diffusion et à l'acceptation de la vérité, il donna à l'ensemble de ses observations le nom de *neuro-hypnologie*; et ce fut lui, qui, le premier, parla du *sommeil nerveux* et de *l'hypnotisme*[1].

Le grand souci de Braid fut de séparer nettement les faits dont il avait contrôlé la réalité de ceux qu'il n'était pas parvenu à vérifier. A la première de ces deux catégories de faits il donna le nom d'*hypnotisme* ou de *sommeil nerveux*; quant à l'autre catégorie, dont il ne garantissait pas l'exactitude, il lui laissait l'appellation de mesmérisme ou de *magnétisme animal*. Il voulait ainsi que l'hypnotisme fût tenu pour distinct du magnétisme animal; et en cela il se trompait, car, dans les deux ordres de faits, la part dûment reconnue est entièrement de même nature, tandis que l'autre part relève du charlatanisme ou de la fraude, et n'a rien à voir avec la science.

Cependant, d'autres travaux se publiaient sur le mesmérisme, et notamment un ouvrage important de J. Esdaile, paru à Londres en 1846[2].

---

[1] I. Braid, *Neurohypnologie*, traduction française de J. Simon (avec le chapitre ajouté par Braid en 1860).

[2] J. Esdaile, *Mesmerism in India*, Londres, 1846.

En 1860, dans un chapitre supplémentaire de son livre, Braid développa et précisa encore ses idées sur le sommeil nerveux. Ces idées furent analysées dans l'article *Sommeil* de l'Encyclopédie de Todd et Carpenter, dans des articles français de Victor Meunier, à la *Presse*, en 1852, et dans l'article *Hypnotisme*, introduit, pour la première fois, dans l'édition de 1853 du *Dictionnaire Médical* de Nisten : mais, malgré ces analyses, et les remarquables travaux sur le magnétisme publiés, presque simultanément, par Charpignon et par Bellanger, le monde scientifique n'a guère connu de Braid que son nom et la dénomination, un peu bien honorifique, de *braidisme*, sous laquelle on a longtemps désigné les phénomènes hypnotiques [1].

9. — Le Dr Azam, de Bordeaux, rencontra en 1858 une occasion très propice de contrôler les faits attestés par Braid. Il les étudia pendant deux ans, avec l'aide des Drs Velpeau, Broca, Verneuil, Cloquet, et Follin, de la Faculté de Paris ; il découvrit, de son côté, un

---

[1] Charpignon, *Du Magnétisme*, Paris, 1848; Bellanger, *Le Magnétisme, Vérités et Chimères*, Paris, 1854; J. P. Philips, *Cours théorique et pratique du braidisme*, Paris, 1860.

certain nombre de faits qui avaient échappé au chirurgien anglais ; et il publia, en 1860, le résultat de ses recherches et de celles de ses collègues[1].

Plus tard, les faits observés par Braid et par Azam furent examinés de nouveau par Mesnet, Demarquay, Giraud-Teulon, Duval, Richet, etc.

Mais c'est surtout à Charcot, à Bernheim, à Liébault, à Liégeois, et à leurs écoles, qu'il était réservé de donner aux faits de l'hypnotisme le développement et les bases scientifiques qui, désormais, rendent inévitable aux savants l'acceptation de ces faits ; et c'est aussi à eux qu'il était réservé de démontrer que, au fond, et dans leurs parties vraiment scientifiques, le *mesmérisme*, le *somnambulisme* ou la *catalepsie* artificiels, le *sommeil nerveux*, le *braidisme*, l'*hypnotisme*, ne sont qu'une seule et même chose, ou du moins des éléments et des dépendances d'une seule et même chose.

[1] Azam, *Note sur l'hypnotisme*, dans les *Archives générales de Médecine*, Janvier 1860.

II. — Le spiritisme

1. — Le nom du *spiritisme* est de date récente, ne remontant guère au delà d'un demi-siècle. Mais les faits et la doctrine à qui ce nom s'applique sont, au contraire, d'une date très lointaine ; et les divers lieux, les diverses nations qui les ont connus leur ont donné toute sorte de noms différents.

Depuis les temps les plus anciens, on a cru à la possibilité de rapports réels entre les hommes encore vivants et des êtres immatériels d'ordre supérieur. Et, à l'appui de cette croyance tous les siècles, de temps immémorial, ont raconté une foule de faits merveilleux.

Chez les brahmines indiens, la liturgie des temples a toujours eu, et garde aujourd'hui encore pour base, l'évocation des morts et des divinités nationales. C'est surtout aux *fakirs*, appartenant à une classe inférieure de la caste sacerdotale, qu'incombait et qu'incombe aujourd'hui encore la charge des pratiques nécessaires à cette évocation. D'ailleurs, toute la puissance de la caste sacerdotale se fondait, — et se fonde encore, — sur la croyance commune que les membres de cette caste avaient le privilège de pouvoir évoquer les morts et les divinités.

Chez les Égyptiens, le commerce avec les esprits entrait pour une grande part dans les pratiques de l'initiation aux mystères, ainsi que dans celles du culte d'Isis et d'Osiris. Les prêtres, les mages et les devins, étaient les dépositaires des moyens qui permettaient d'entrer en rapport avec les êtres d'ordre supérieur et avec les âmes des défunts. C'est, du reste, probablement des mages chaldéens, que seront venues aux Égyptiens ces notions et ces opérations du spiritisme.

Les chapitres VII et VIII de l'*Exode* nous fournissent une attestation explicite des enchantements pratiqués par les Égyptiens.

Aaron, sur l'ordre de Moïse, en présence de Pharaon et d'une nombreuse suite de ministres et de savants, transforme sa baguette en un serpent. Aussitôt les mages et sorciers du royaume accomplissent le même prodige, *per incantationes ægyptiacas et arcana quædam*. Mais le serpent d'Aaron dévore tous les autres [1].

---

[1] *Exode*, VII, 11 et 12.

Puis, le même Aaron, toujours en présence de Pharaon et de sa cour, transforme en sang les eaux du Nil. Cette fois encore, les Égyptiens font la même chose, *incantationibus suis*; et le peuple, pour boire, se voit forcé de creuser de nouveaux puits [1].

Peu de jours après, le peuple entier, depuis le roi jusqu'au dernier de ses sujets, est infesté, par ordre d'Aaron, d'une invasion de grenouilles dégoûtantes. *Fecerunt autem et malefici per incantationes suas similiter;* et la seule différence est qu'Aaron peut ensuite réparer le dommage qu'il a commandé, tandis que les sorciers se montrent impuissants à opposer une digue au fléau.

2. — Les pratiques spirites devaient être aussi, sans doute, très répandues chez les anciens Hébreux. Non seulement les livres saints parlent souvent de sorciers, de devins, de prédiseurs de l'avenir, et d'enchanteurs : mais l'évocation des morts s'y trouve expressément attestée et condamnée, en plusieurs endroits; et je dois ajouter que les sorciers,

---

[1] *Exode*, VII, 20, 22, 24.

devins, et autres magiciens de la Bible, tels qu'ils nous sont décrits, correspondent exactement aux *mediums* du spiritisme moderne.

Nous lisons, par exemple, dans le *Lévitique* (XX, 6) : « L'âme qui se sera adressée à des mages et à des sorciers, et qui aura eu commerce avec eux, je me détournerai d'elle et je la ferai périr au milieu de son peuple. » Et encore (XX, 27) : « L'homme ou la femme qui aura en soi l'esprit pythonique ou de divination, qu'il soit puni de mort ; qu'on le lapide, et que son sang retombe sur lui ! » Des châtiments aussi graves ne s'expliqueraient point s'il ne s'était point agi d'empêcher, à tout prix, des pratiques funestes et très répandues.

Nous lisons dans le *Deutéronome* : « Et qu'il ne se trouve personne, dans ton peuple, qui suscite les esprits, ni qui fasse des enchantements ; ni qui consulte les sorciers, ni qui se livre à la divination, ni qui demande la vérité aux morts : car toutes ces choses sont en abomination au Seigneur. » (XVIII, 10-12.)

Le premier *Livre des Rois* nous fait voir Saül, à Endor, évoquant l'ombre de Samuel et s'entretenant avec lui. La description de cette scène retrace très exactement quelques-uns des prodiges que nous rapportent les témoins des séances spirites. Aussi cette description mérite-t-elle d'être reproduite en entier : « Saül dit à ses serviteurs : Cherchez-moi une femme qui ait en elle l'esprit de divination, et j'irai la trouver, et je l'interrogerai. Et ses serviteurs lui dirent : Il y a à Endor, une femme qui a l'esprit de divination ! Alors Saül mit des vêtements d'emprunt, et sortit en compagnie de deux hommes, et ils vinrent chez cette femme, la nuit, et Saül lui dit : Appelle l'esprit qui est en toi, et fais apparaître devant moi qui je te dirai ! Et la femme lui dit : Tu sais tout ce qu'a fait Saül, et comment il a détruit mages et sorciers ; pourquoi donc me tends-tu un piège pour me faire périr ? Et Saül lui jura, par le Dieu vivant, que rien de mauvais ne lui arriverait pour cette affaire. Alors la femme lui dit : Qui dois-je évoquer devant toi ? Il répondit : Évoque devant moi Samuel ! Mais lorsque la femme vit apparaître Samuel, elle poussa un grand cri, et dit à Saül : Pourquoi m'as-tu trompée ? tu es, toi-même, Saül ! Et le roi lui dit : Ne crains rien, mais dis-moi ce que tu as vu ? Et la femme dit à Saül : Je vois s'élever un vieillard, et il est vêtu d'un manteau. Alors Saül comprit que c'était Samuel et il s'inclina jusqu'à terre, en adoration. Alors Samuel dit à Saül : pourquoi m'as-tu troublé pour me faire apparaître ? Et Saül lui dit : je suis en très grand danger, car les Philistins combattent contre moi ; et Dieu s'est écarté de moi et n'a pas voulu m'exaucer, ni par l'entremise des prophètes, ni par les rêves ; et ainsi je t'ai appelé, pour que tu m'enseignes ce que je dois faire ! Et Samuel lui dit : Pourquoi m'interroges-tu, puisque Dieu s'est écarté de toi et a passé du côté de ton rival ?... Sache que le Seigneur fera tomber Israël aux mains des Philistins ; et que toi et tes fils, dès demain, vous serez avec moi ! Et aussitôt Saül s'abattit sur le sol, car les paroles de Samuel l'avaient épouvanté... Et la femme s'approcha de Saül, car il était grandement troublé. » (Livre 1, XXVIII, 7-21).

Au livre IV des Rois, nous trouvons plusieurs allusions à des pratiques spirites (XVII, 17 ; XXI, 6 ; XXIII, 24.)

Parmi les prophètes, Isaïe parle, à maintes reprises de l'apparition des esprits (II, 6; XXXIV, 14 ; XLIV, 25 ; XLVII, 12.) Au chapitre VIII, il dit : « N'écoutez pas ceux qui vous conseilleront d'interroger les sorciers et les devins avec leurs enchantements ! Est-ce que le peuple ne peut pas demander à son Dieu ce dont il a besoin pour les vivants et les morts ? » Et, dans un autre chapitre : « Ta voix s'élèvera de terre comme celle d'un esprit ! » (XXIX, 4.)

Le prophète Daniel, lui aussi, parle de sorciers et d'enchanteurs (II, 2, 27) et nous trouvons également une allusion aux prodiges des devins chez le prophète Michée (V, 12).

3. — Le reproche que faisaient les Juifs au Christ, de chasser les démons au nom de Belzébuth (*Matt.* 9, IX, 34 ; XII, 24 ; Luc, XI, 14-19) nous prouve que, jusqu'aux derniers temps de la société juive, les relations des hommes avec les esprits étaient chose fréquente.

Dans les *Actes des Apôtres*, le passage relatif à Simon le Magicien (VIII, 9) nous renseigne clairement sur les procédés spirites en usage chez les Juifs ; et nous retrouvons ces procédés dans le récit des opérations d'Elymas, juif habitant Paphos, en présence du proconsul Sergius Paulus (XIII, 6-10).

L'apôtre saint Paul, dans sa seconde *Épître*

à Timothée, mentionne les sorciers Jannes et Mambres, qui ont résisté à Moïse à la cour de Pharaon.

Enfin plusieurs écrivains modernes affirment que la vieille Cabbale des Juifs, autant que l'on peut en juger par les fragments qui nous en sont parvenus, devait définir en détail les moyens d'entretenir commerce avec les esprits.

4. — Dans la Grèce antique, les oracles des morts étaient constamment invoqués. Homère, dans l'*Odyssée*[1], nous décrit Ulysse interrogeant, sur le conseil et avec l'aide de la magicienne Circé, les ombres du devin Tirésias, de sa propre mère, et de maintes autres personnes chères ou fameuses. Sur les rives de l'Achéron, à Phigalie, au cap Ténare, à Héraclée de Pont, à Cumes (en Grande-Grèce), les Grecs avaient coutume d'évoquer les ombres des morts. Ils appelaient *nécromants*, ou « enchanteurs de morts », ceux qui présidaient à ces opérations. Et ce n'était pas seulement le bas peuple qui recourait volontiers aux oracles des défunts. L'un des sept sages de la Grèce, Périandre, alla consulter l'âme de sa

---

[1] Chant XI.

femme, que ce « sage » avait d'ailleurs, lui-même, fait égorger[1]. Pausanias évoquait l'esprit d'une jeune fille qu'il avait fait tuer ; et les magistrats, ensuite, faisaient évoquer l'esprit du susdit Pausanias [2].

L'orateur Eschyle fait mention de deux criminels fameux, Phrynondas et Eurybate, qui, en leur temps, ne se sont pas moins signalés par leurs sortilèges que par leurs impostures [3].

On sait les fréquentes visions qu'avait Socrate de son Génie, et les avis salutaires qu'il en recevait, non seulement au sujet de ses intérêts personnels, mais encore au sujet d'affaires concernant ses amis, et dont lui-même était tout à fait ignorant. Dans le *Theagete* de Platon, Socrate nous raconte, en attestant les témoignages de plusieurs contemporains, des cas où, instruit par son Génie de certains secrets concernant ses amis, il a pu conseiller ceux-ci en temps utile ; et il ajoute que, ces conseils n'ayant pas

---

[1] Hérodote, V, 92.
[2] Plutarque, *Vie de Cimon*; id. *Des délais de la justice divine.*
[3] Eschine, *Contre Ctésiphon.*

été suivis, de graves dommages en sont résultés pour les intéressés.

Nous trouvons également des allusions au commerce avec les esprits chez Aristote, chez Flavius Josèphe, chez Lucien, chez Philostrate [1].

La ville d'Éphèse était particulièrement fameuse par ses livres de magie et ses formules magiques. Les *Actes des Apôtres* rapportent que, saint Paul étant venu prêcher à Éphèse, un grand nombre d'hommes qui étaient adonnés aux arts magiques vinrent lui apporter leurs livres, et les brûlèrent publiquement [2].

5. — Les Latins, au point de vue du spiritisme, continuèrent les Grecs. Déjà la loi des Douze Tables punissait de mort quiconque pratiquait des sortilèges contre les moissons d'autrui : *siquis alienas fruges excantassit, kapital esto* [3]. Dans le récit célèbre où il nous montre Énée descendant aux enfers pour consulter l'ombre d'Anchise, Virgile, très vraisemblablement, fait

---

[1] Aristote, *De Mirab.*; Flavius Josèphe, *Antiq.*, VI, 11 et 12; *De Bello Jud.* VII, 6, 13; Lucien, *Philopseud.* 16; Philostrate, *Vie d'Apollonius*, 4, 20, 25.

[2] Act. XIX, 19.

[3] Apulée *Apol.* id. Didot, p. 230.

allusion à des pratiques spirites[1]. Cicéron nous dit expressément que son ami Appius avait de très fréquentes conversations avec les morts[2]. Il nous dit aussi que, sur les bords du lac Averne, dans le voisinage d'Arpinum, souvent on « faisait surgir, parmi les ténèbres, les ombres des morts, encore tout ensanglantés ». Pline l'Ancien nous raconte que Drusus Libon fut mis à mort par Tibère pour avoir dérangé celui-ci au moment où il s'occupait à évoquer des esprits ; ailleurs, il affirme que le grammairien Appius a évoqué l'ombre d'Homère, pour l'interroger sur sa patrie et sur sa famille[3].

Columelle[4] fait mention du sorcier Dardanus. Horace, dans ses vers a maintes allusions à des sortilèges magiques[5]. Suétone rapporte qu'Auguste, devenu Pontife, a fait brûler publiquement plus de deux mille ouvrages qui s'occupaient d'enchantements[6]. Lucain, le condisciple de

---

[1] *Enéide*, VI.
[2] *Tuscul.* I, 16, 37, id. *De Divinat.*, I, 58, 132.
[3] *Histor.*, XXX, 6.
[4] *De Re Rustica*, X.
[5] *Sat.* VIII ; *Epod.* III, XII, XVII.
[6] *Vit. Augusti*, XXXI.

Néron, au livre VI de sa *Pharsale*, rappelle la fameuse magicienne de Thessalie, Erato, « qui faisait rentrer les « âmes » dans leur corps ». C'est par l'intermédiaire de cette magicienne que Sextus Pompée aurait appris la fin qu'avait eue l'inimitié de son père et de César. Dante, dans son *Enfer*, a aussi recueilli la tradition suivant laquelle, plus tard, cette même magicienne a évoqué l'âme de Virgile, peu de temps après la mort du poète [1].

Pétrone parle d'enfants volés par des sorcières [2], Pline, Festus, et d'autres auteurs latins, abondent en allusions à des faits de sorcellerie.

L'écrivain Apulée, ayant épousé une veuve riche de 40000 sesterces, fut accusé par les parents de sa femme d'avoir employé des sortilèges pour s'en faire aimer. Il se défendit de cette accusation dans son *Apologie*; mais, aussi bien dans ce livre que dans ses *Métamorphoses*, communément appelées l'*Ane d'Or*, il admet que les démons peuvent agir sur l'homme, et sur la nature en général [3].

---

[1] *Inferno*, IX, 25-27.
[2] *Œuvres*, Ed. Didot, fragm., 63.
[3] Apulée, *Œuvres*, Ed. F. Didot.

Dans l'Europe barbare de l'antiquité, les pratiques du spiritisme étaient communes chez les Druides gaulois ; et elles semblent bien avoir été connues de tous les peuples septentrionaux.

Aux premiers siècles du christianisme, les païens avaient coutume d'évoquer les esprits : c'est ce que nous apprennent les Pères de l'Église, parmi lesquels il nous suffira de nommer Tertullien, Lactance, saint Hilaire, Minutius Félix, et Eusèbe[1].

Tertullien, dans son *Apologie*, fait mention très clairement de toutes les pratiques remises en honneur aujourd'hui par les spirites. Il parle notamment de sièges et de tables s'agitant ou parlant sur l'ordre des devins ; de visions provoquées par ceux ci ; de matérialisations ; et il n'est pas non plus sans parler des supercheries que, dès lors, les enchanteurs avaient coutume de mêler à leurs sortilèges[2].

Les Gnostiques, en répandant les idées de leurs maîtres, et en particulier de Philon et des

---

[1] Tertullien, *Apologet.*, XIII, XXII ; id. *De Anima.* LVII ; Minucius Félix, *Octav.* XXVII, XXVIII ; Lactance, *Div. Institut.*, IV, 27 ; S. Hilaire, *In Psalmos*, 94 ; Eusèbe, *Histor. Eccles.*, VIII, 10.

[2] *Apolog.*, XIII.

compilateurs du Talmud, ont donné une grande impulsion à la diffusion des pratiques spirites, qui, ensuite, ont longtemps persisté à travers le moyen âge [1].

Au XI⁰ siècle, la malveillance des contemporains est allée jusqu'à accuser de nécromancie les trois papes romains Benoît IX (1033-1044), Grégoire VI (1045), et Grégoire VII (1073-1085). La *Chronique Uspergentine*, en 1076, appelle ce dernier pape « le plus grand mage de son temps ». Elle raconte que, un jour, étant revenu d'Albano à Rome, il s'aperçut qu'il avait oublié à Albano un de ses livres de nécromancie, et enjoignit à deux de ses suivants d'aller le prendre, mais en les avertissant qu'il leur arriverait malheur s'ils se risquaient à l'ouvrir. La curiosité des deux jeunes gens se trouvant ainsi aiguisée, ils ouvrirent le livre et en lurent quelques lignes ; et aussitôt leur apparurent des démons, qui leur demandèrent : « Que voulez-vous ? Commandez, ou bien nous nous jetterons sur vous ! » Les deux jeunes gens, effrayés, ne savaient que faire ni que dire ; enfin l'un d'eux,

---

[1] Cantù, *op. cit.* vol. III, p. 603-611.

dans sa confusion, balbutia : « Abattez ces murailles! » En un clin d'œil, les murailles d'Albano se trouvèrent rasées. Ce que voyant, les deux jeunes gens, tout penauds, après s'être signés et recommandés à Dieu, eurent à peine la force de s'en retourner à Rome [1].

Du XIIe au XIVe siècle, le spiritisme devint un véritable culte, à demi philosophique, à demi religieux. Tout astrologue et tout alchimiste se piquait d'avoir un esprit familier qui obéissait à ses ordres [2]. Michel Scot (1210-1295) invitait ses amis à un banquet, sans faire à l'avance aucun préparatif. Mais voici qu'arrivaient sur la table toute sorte de mets exquis ; et le mage de dire : « Cette friandise vient de la cuisine du roi d'Angleterre ; cette liqueur vient des caves du roi de France ! » [3]

Aussi bien Dante, en assignant à Michel Scot une petite place dans son Enfer, nous dit-il de lui que, « vraiment, des fraudes magiques il connaissait le jeu [4] ». Secco Stabili d'Ascoli (1251-

---

[1] Cantù, *op. cit.*, vol. V, p. 233.
[2] Cantù, *op. cit.*, vol. V, p. 742-743.
[3] Ennemoser, *Gesch. der Magic*, Leipzig, 1844.
[4] *Inferno*, XX, 116-117.

1328 dut en grande partie à ses doctrines spirites le bûcher sur lequel il fut condamné à périr. A Marseille, à Tolède, des professeurs enseignaient la nécromancie [1].

Au reste, le moyen âge était si absolument convaincu de la possibilité du commerce humain avec les esprits que, se fondant sur cette conviction, il condamnait impitoyablement à mort, en plus d'un petit nombre de personnes réellement coupables, une foule de malheureux qui, trompés ou délirants, se laissaient soupçonner de sorcellerie.

Certains historiens ont rejeté toute la faute d'une telle conduite sur le fanatisme religieux ; en réalité, elle résultait bien plus encore du désir qu'avaient, à cette époque, les gouvernants de protéger la société civile, en éliminant d'elle tous ceux qu'ils croyaient être capables de disposer d'une puissance surnaturelle pouvant être dangereuse pour les particuliers. Et c'est un fait bien digne de remarque, que, dans ce temps où, sous prétexte d'exterminer les sorciers, tous les pays catholiques, et notamment l'Italie, sé-

---

[1] Cantù, *op. cit.*, V, p. 741 et 743.

vissaient contre une foule d'innocents calomniés ou de faibles d'esprit, les persécutions de ce genre ont toujours été extrêmement rares dans les États de l'Église, nonobstant les célèbres et rigoureux décrets d'Innocent VIII, d'Alexandre VI, de Léon X, d'Adrien VI, de Sixte-Quint, et de Grégoire XV ; tandis que, d'autre part, le nombre est immense des victimes qui, dans les pays de la foi la plus relâchée, ou encore dans les pays protestants, furent sacrifiées à cette conviction, universellement répandue dans l'Europe entière. Or, il est bien évident que, si le mobile premier de ces persécutions avait été le fanatisme religieux, elles n'auraient présenté nulle part plus d'intensité que dans les États de l'Église, et que nulle part elles n'auraient été moins vives que dans les pays qui prétendaient offrir à tous une pleine liberté, en fait de religion. Et l'histoire nous apprend que c'est tout le contraire qui a eu lieu.

La connaissance des pratiques spirites du moyen âge nous est encore démontrée par une foule de légendes et histoires de ce temps, toutes remplies d'évocation de démons ou de morts, d'enchantements, et d'autres sortilèges.

Le doux Virgile lui-même passait pour s'être adonné aux pratiques de la nécromancie; et c'est peut-être ce qui a décidé Dante à le prendre pour guide dans son voyage aux deux premiers royaumes d'outre-tombe. De même encore, les traditions populaires du moyen âge abondent en récits de maisons, palais, ou châteaux, qui ont dû être abandonnés en raison d'apparitions effrayantes et constantes de spectres, en raison de bruits mystérieux se renouvelant toutes les nuits, de meubles continuellement poussés par des forces invisibles, de voix sortant des plafonds, des murs, des tableaux, de petites flammes s'allumant tout d'un coup, etc; et il se peut que ces traditions, dont beaucoup subsistent aujourd'hui, aient eu vraiment pour origine quelques phénomènes d'ordre spirite, bien que, certes, une part énorme doive être faite à l'exaltation de l'imagination populaire, à l'ignorance et aux superstitions du moyen âge, comme aussi, peut-être, à des mystifications de farceurs ou de malfaiteurs.

La crédulité, en fait de spiritisme, durant le moyen âge, a dépassé toutes les bornes, au point de nous faire douter de la raison humaine. Les savants eux-mêmes de cette époque n'ont jamais pu, sur ce point, se garder des exagérations les plus inconcevables [1]. Ils ont accueilli à plaisir toute sorte d'invraisemblances folles, sans l'ombre de critique ni de discernement. Et il n'y a pas fables grossières, ou insensées que nous ne trouvions recueillies dans les ouvrages du temps, aussi bien dans ceux qui traitent de la Goécie (c'est-à-dire des rapports avec les mauvais esprits) que dans ceux qui traitent de la Théurgie, ou science des rapports avec les esprits bons et purs.

Tout compte fait, le moyen âge a tant parlé de sorciers, de mages, et de nécromants, tant institué de procès contre les personnes inculpées de sortilèges, que jamais, certainement, aucune autre époque n'a attaché plus d'importance aux pratiques du spiritisme.

7. — L'avènement de la Renaissance ne fit cesser, ni dans le peuple, ni parmi les savants, la foi absolue à la possibilité du commerce de l'homme avec les esprits. Les enchantements et sortilèges décrits, à chaque instant, par le Tasse

---

[1] Voyez Cantù, *op. cit.*, vol. VIII, pp. 276-306.

et l'Arioste, la scène de nécromancie où Benvenuto Cellini affirme formellement avoir assisté, une nuit, dans le Colisée de Rome, ces exemples et mille autres nous démontrent clairement que, pendant le xvie siècle, on continuait à considérer comme possible l'évocation des ombres. Pareillement Giordano Bruno, ce fameux précurseur de la « libre pensée » moderne, nous laisse voir, dans son *Candelaio,* qu'il était fermement convaincu de la réalité du commerce des vivants avec les esprits.

Le comte de Résie[1] déclare qu'il a trouvé, dans les archives de Nancy, des documents relatifs à l'aventure d'un jeune Lorrain nommé Dalhon, qui, ayant été tué par son propre père en 1596, a eu pendant toute une année, son cadavre animé par un démon. Ce démon maintenait le cadavre en une sorte de vie apparente, sans pouvoir l'empêcher d'avoir l'aspect d'un mort qu'un mécanisme mettrait en mouvement. Puis, un jour, l'esprit envahisseur a brusquement abandonné le cadavre, qui, aussitôt, s'est décomposé à vue d'œil, emplissant la maison

---

[1] *Des Sciences occultes,* Paris, 1857, p. 45.

d'une puanteur atroce. Delrio, qui fut contemporain de ce prodige, nous dit que jamais il n'en a rencontré un plus authentique et plus sûr. Les actes judiciaires des archives de Nancy qui se rapportent à ce fait singulier sont signés du procureur général Rémy, et de nombreux autres témoins ayant prêté serment.

Dans un recueil manuscrit de la Bibliothèque du Vatican, provenant de l'ancien monastère de saint Pantaléon (Bibl. Vat., 59 rosso 84), nous trouvons une déposition faite, sous serment, par un certain Domenico Denza, âgé de quarante ans, noble, chevalier de l'ordre du Saint-Sépulcre, homme de mœurs irréprochables, et très estimé de toute la société romaine. Le manuscrit, comme tout le reste du recueil, date indubitablement du XVIIe siècle, et doit avoir été écrit au temps même où fut faite la déposition. Celle-ci est le résultat d'une enquête instituée par le cardinal Carpegna, sur l'ordre d'Innocent XI, au sujet d'une apparition spirite qui se serait manifestée, dans la nuit du 19 avril 1683, au susdit D. Denza. Ce gentilhomme, cette nuit-là, après avoir rêvé, à plusieurs reprises, d'une dame vêtue de blanc, fut éveillé par une voix qui l'appelait ; et, ouvrant les yeux, il aperçut devant lui la même figure blanche que, plusieurs fois, il avait vue en rêve. Denza lui demanda qui elle était : la figure blanche répondit qu'elle était la marquise Laure Poppoli Astalli, morte récemment ; et elle ajouta qu'elle était venue prier Denza de faire savoir à son mari qu'elle avait besoin de deux cents messes pour le repos de son âme. Sur quoi, Denza lui ayant dit qu'on le prendrait pour un fou, et que personne ne voudrait le croire, s'il essayait de transmettre au marquis cette commission, l'ombre posa sa main sur la couverture du lit, en disant : « Faites voir à mon mari cet endroit que je touche ! » Ce qu'ayant dit, elle disparut. Denza suivit le conseil du fantôme ; et, tout d'abord, comme son frère était accouru à ses cris, c'est à son frère qu'il montra la couverture de son lit, où se trouvait vraiment gravée, comme avec un fer rouge, l'empreinte d'une main.

Le chroniqueur contemporain qui cite cette déposition ajoute que l'empreinte de la main était « si vivement exprimée que l'on pouvait reconnaître, avec une netteté parfaite, tous les doigts et les contours de la main, tandis que la paume de celle-ci restait en blanc ». Et il écrit ensuite : « On remarquait surtout une déformation du petit doigt ; et, en effet, c'était un défaut que la main de la marquise avait eu, dès l'enfance, à la suite d'une chute. De son vivant, elle avait soigneusement caché ce défaut, en gardant toujours ses mains gantées, devant les étrangers. Mais ses familiers, quand ils ont vu l'empreinte, se sont tous écriés que c'était bien la main de la marquise Astalli. L'empreinte, en vérité, a d'abord semblé trop grande pour une main de femme : mais, ayant été mesurée plusieurs fois avec des gants de la défunte, elle s'est trouvée correspondre exactement à ceux-ci. Et cette empreinte a été vue et reconnue par un grand nombre de cavaliers et de dames, de prélats et cardinaux, ainsi que par l'excellentissime seigneur D. Livio Odescalchi ; mais personne ne l'a considérée avec plus de piété que Sa Majesté la reine de Suède, et que Sa Sainteté le Souverain Pontife [1]. »

La confiance prêtée à ces récits par les con-

---

[1] *Nuova Parola*, Rome, décembre 1905 ; *Rivista delle Riviste degli Studi Psichici*, Rome, déc. 1905 ; *Giornale d'Italia*, 26 déc. 1905.

temporains nous est prouvée par la façon dont ils ont été discutés dans les parlements, les facultés, et les assemblées savantes. Jusqu'au delà de 1750, les législateurs et académiciens se sont occupés de la puissance des arts magiques ; et il n'y a guère de pays où, même après la date susdite, les gouvernements n'aient promulgué des lois sévères contre les adeptes des sciences occultes et des maléfices, ni n'aient institué des procès contre eux. Ces lois et ces procès ont eu lieu, tout particulièrement, en Angleterre, en Suisse, et en Allemagne, jusque vers la fin du xviii® siècle[1].

8. — Sur le continent américain, les Peaux-Rouges, suivant toute vraisemblance, constituent les derniers vestiges de l'une des races d'hommes les plus anciennes : or les premiers voyageurs qui ont eu affaire à eux ont trouvé, parmi eux, des pratiques spirites extrêmement répandues, et y passant pour connues de toute antiquité.

De ces pratiques, familières aux sauvages primitifs du Nouveau Monde, on pourra lire la des-

---

[1] Cantù, *op. cit.*, vol. VIII, pp. 302-305.

cription dans *l'Histoire de la Nouvelle France* de Charlevoix[1]. Chez les Mexicains, jusqu'au début du xviiie siècle, le commerce avec les esprits était répandu sous la forme du *Nagualisme*, ou « religion du secret mystérieux ». Les enfants, sitôt nés, étaient secrètement consacrés à un esprit, désigné d'un nom d'animal : ce qui n'empêchait pas les parents de faire baptiser, ensuite, leurs enfants, pour leur permettre de jouir des privilèges civils accordés à ceux qui professaient la religion officielle de la colonie[2].

9. — Jusque vers la moitié du xviiie siècle, personne, parmi les nations civilisées, n'avait jamais songé à contester la possibilité de rapports entre les hommes et les esprits. Mais le souffle d'incrédulité qui, depuis la moitié du xviiie siècle, se répandit par le monde, eut pour effet de faire reléguer au nombre des fables et des superstitions toutes les idées que s'étaient transmises, sur ce point, les hommes des générations précédentes. La science crut bien avoir dit, là-dessus,

---

[1] Citée par Gibier, *Le Spiritisme*, Paris, 1891, p. 67.
[2] Verdun, *Le diable dans les missions*, Paris, Delhomme et Briguet ; J. Lecosta, *Histoire naturelle et morale des Indes occidentales*, 1590 ; Brasseur de Bourbourg, *Histoire des nations civilisées du Mexique*, Paris, 1857.

le dernier mot, surtout quand elle s'avisa de relever l'analogie qu'elle découvrait entre certains phénomènes spirites et certains phénomènes morbides : de telle sorte que le spiritisme, désormais, parut bien être voué pour toujours à l'oubli.

Mais bientôt des événements imprévus vinrent prouver que les conclusions de scepticisme inconditionnel, récemment admises par la science, avaient été prématurées, et exigeaient, tout au moins, d'être discutées à nouveau. Et le spiritisme, que l'on croyait mort, se reprit à vivre.

10. — Au mois de décembre de l'année 1847, une famille américaine, appartenant à l'Église épiscopale méthodiste, était venue demeurer dans une maison du village de Hydesville, comté de Wayne, État de New-York[1]. Cette famille se composait de M. John Fox, de sa femme, et de leurs trois filles, dont l'avant-dernière, Marguerite, avait quinze ans, et la dernière, Catherine, douze ans. Tous ceux qui ont connu cette famille ont toujours déclaré que ses mem-

[1] Emma Hardinge, *History of modern American Spiritualism*, New-York, 1870.

bres étaient d'une conduite exemplaire, et absolument incapables de mensonge ou de fraude ; et tout le passé des Fox, tel qu'on a pu le reconstituer, confirme entièrement ces déclarations.

La famille Fox s'était à peine installée dans sa nouvelle demeure, lorsque l'aînée des trois filles se maria. Peu de jours après le mariage, voici que, tout à coup, les murs, les plafonds, dans les chambres voisines de celle que les Fox avaient coutume d'occuper, commencèrent à retentir de bruits singuliers. Dans ces chambres, à la suite de ces bruits, on trouvait les meubles changés de place, ou renversés, bien que l'on fût certain qu'aucun étranger n'avait pu y pénétrer. Puis les deux jeunes filles, surtout la nuit, commencèrent à sentir des mains invisibles qui leur couraient sur le corps. Tous les efforts tentés, par les Fox, pour découvrir et comprendre la cause de ces phénomènes extraordinaires, ne servirent de rien. Les premiers jours, on avait soupçonné que c'était quelque grosse farce, organisée par des voisins : mais cette hypothèse fut bientôt reconnue impossible, et les Fox finirent par penser qu'ils étaient victimes d'une œuvre diabolique.

Peu à peu, cependant, ils s'accoutumèrent à ces bruits et à ces bousculades de meubles, toutes choses qui, pour déplaisantes qu'elles fussent, n'avaient pas d'autre mauvais effet que de les agacer. Et les deux jeunes filles prirent même l'habitude de s'amuser de l'auteur invisible de ces phénomènes, qu'elles avaient dénommé « Pied-Fourchu ».

Un soir, la petite Catherine Fox, tandis qu'elle s'amusait à faire craquer ses doigts, eut la fantaisie d'inviter le mystérieux Pied-Fourchu à en faire autant. Aussitôt un bruit tout pareil fut répété, près d'elle, un nombre égal de fois. L'enfant, stupéfaite, fit alors d'autres mouvements, avec ses doigts, mais sans faire aucun bruit : et elle découvrit, avec une stupeur nouvelle, qu'à chacun de ces mouvements silencieux de ses mains répondait un petit bruit d'origine inconnue. L'enfant se hâta d'appeler sa mère, pour lui faire constater que l'auteur des bruits non seulement avait des oreilles pour entendre, mais avait encore des yeux pour voir.

Mme Fox, non moins étonnée que sa fille, invita l'être invisible à compter jusqu'à dix : aussitôt elle entendit frapper dix coups. De proche en proche, un langage conventionnel s'établit, entre les Fox et l'esprit : et, à toutes les demandes qu'on lui fit, l'esprit répondit avec beaucoup d'à-propos, toujours par le moyen de coups invisibles. Quand on lui demandait s'il était un homme, il ne faisait aucune réponse ; mais quand on lui demandait s'il était un esprit, quelques coups nets et rapides se faisaient entendre, qui, dans le langage convenu, tenaient lieu d'une affirmation.

Nombre de voisins furent appelés à constater les divers phénomènes que nous avons brièvement indiqués : à tous, l'auteur de ces phénomènes déclara, explicitement et à plusieurs reprises, qu'il était un esprit (en anglais : *spirit*). C'est ainsi que naquit, en Amérique, le *spiritisme* moderne ; et l'on voit que, dès l'abord, les relations avec les auteurs mystérieux des nouveaux phénomènes spirites furent établies au moyen d'un langage conventionnel, fondé sur l'assimilation d'un nombre donné de coups avec les diverses lettres de l'alphabet. Nous devons ajouter que, plus tard, les spirites ont trouvé bien d'autres moyens encore de communiquer avec les esprits.

Mais il y a une autre observation que firent, tout de suite, les témoins des faits produits dans la maison des Fox : ils remarquèrent que, d'une manière générale, les communications avec le soi-disant esprit devenaient plus promptes, et se faisaient plus sûrement, lorsqu'assistait aux séances l'une des deux filles de Fox, et surtout lorsque cette fille était la petite Catherine. Ainsi l'on fut amené à se dire que, peut-être, les esprits avaient une sympathie spéciale pour certaines personnes, ou bien que, peut-être, certaines personnes avaient sur les esprits un pouvoir spécial. En tout cas, l'on dut constater que les rapports avec le prétendu esprit de Hydesville s'établissaient plus facilement par l'intermédiaire de certains sujets. Et c'est dès lors que l'on donna le nom de *médiums*, — qui signifie intermédiaire, — à ceux qui réussissaient mieux que les autres à entrer en communication avec l'esprit ; et le mot barbare de « mediumnité » fut créé pour désigner l'aptitude à remplir cet office.

11. — Dès que l'on eut reconnu l'existence et la valeur des médiums, on chercha à reproduire dans d'autres endroits que la maison des Fox,

les phénomènes singuliers observés dans cette maison. Ces tentatives réussirent le mieux du monde, et l'on ne tarda pas à se convaincre que les communications avec les esprits étaient non seulement possibles, mais faciles, à la condition d'être opérées par l'entremise d'un médium. On essaya alors d'entrer en relations avec les âmes des personnages illustres, ou avec les âmes de morts qu'on avait connus et aimés. Les esprits, de leur côté, parurent très désireux de lier commerce avec les vivants; ils donnèrent à ceux qui les consultaient toute sorte de conseils pour faciliter les évocations, et les engagèrent vivement à constituer, un peu partout, des cercles ou réunions spirites.

Le nombre des médiums, lui aussi, grandissait tous les jours; et, tous les jours, les pratiques spirites allaient se répandant aux États-Unis.

Mais, entre tous ces médiums, le premier rang était toujours tenu par les demoiselles Fox et leurs parents, qui se croyaient providentiellement appelés à propager la connaissance des phénomènes spirites, et qui peut-être, à ce moment, avaient commencé à faire tourner à leur avantage personnel le privilège de préférence que leur avaient accordé les esprits.

Persécutés par le pasteur de l'église épiscopale méthodiste de Hydesville, qui estimait contraires à la religion les pratiques du spiritisme, les Fox avaient dû émigrer à Rochester, où demeurait leur fille aînée, Mme Fish, — dont le mari, lui-même, s'était trouvé être un excellent médium. Là, diverses commissions d'habitants de la ville étudièrent, tour à tour, les faits en question ; et toutes, bon gré mal gré, furent forcées d'en reconnaître l'existence bien réelle.

Bientôt des pasteurs, des journalistes, des magistrats, des savants eurent à s'occuper des prodiges nouveaux ; et la plupart d'entre eux se déclarèrent convaincus de la réalité des phénomènes et de leur caractère surnaturel, avec la pleine assurance de ne point se tromper et de n'être point trompés. Qu'il nous suffise de citer, entre ces premiers témoins notoires du spiritisme moderne, le pasteur Haumont, correspondant du *Courrier des États-Unis*, les magistrats Simons et John Edmonds, Talmadge, le Dr Dexter, le publiciste Laroche-Héron, le Dr Mapes, professeur de chimie à l'Université de Pensylvanie, et son collègue le Dr Robert Hare.

Au commencement de l'année 1852, débarqua en Écosse l'un de ces témoins des prodiges de Rochester : le premier, il apportait résolument en Europe le culte du spiritisme. Il ne tarda pas à faire des élèves, qui, à leur tour, répandirent la doctrine nouvelle en Angleterre, en Allemagne, et en Russie. Dans ce dernier pays, cependant, il semble que les pratiques spirites n'aient jamais cessé d'être connues : elles étaient restées d'un usage commun chez les Mongols et dans une grande partie de la Sibérie, où elles constituaient, sans doute, l'héritage des anciennes religions orientales. Et l'on dit qu'il en était de même en Scandinavie.

Partout les apôtres du spiritisme furent accueillis avec empressement, et firent de nombreux prosélytes. En France, où le spiritisme avait été importé à la fois d'Angleterre et d'Allemagne, les premières expériences se firent presque simultanément, pendant le mois d'avril 1853, à Paris, à Strasbourg, à Marseille, à Toulon, et à Bordeaux.

Vers 1858, d'Angleterre et de France, le spiritisme pénétra en Italie : d'abord timidement, sous le régime ancien des diverses principautés, puis hardiment et à découvert, quand le souffle de la liberté eut envahi toute la péninsule.

12. — En Europe, comme naguère en Amérique, la révélation du spiritisme eut pour effet de passionner grandement l'opinion. Mais tandis que la plupart des savants tenaient le spiritisme pour un produit ridicule de la folie ou de l'imposture, quelques-uns cherchèrent à en scruter la nature intime, et ne l'estimèrent pas indigne d'être, tout au moins, pris en considération. Des hommes d'une intelligence et d'une honorabilité insignes soumirent les phénomènes nouveaux à une étude rigoureuse ; mais, de même qu'avaient fait déjà leurs prédécesseurs américains, ils découvrirent, parmi les pratiques spirites qu'on leur exhibait, de grosses tromperies ayant manifestement pour objet la mystification et le lucre. Et cette découverte, de même qu'une découverte semblable avait longtemps entravé l'étude scientifique de l'hypnotisme, contribua puissamment à faire envisager le spiritisme non seulement avec une juste défiance, mais avec le mépris le plus complet et le plus marqué.

13. — Cependant le spiritisme, en même temps

qu'il se répandait par le monde, ne cessait point de se développer et de se perfectionner.

D'abord, les esprits ne révélaient leur présence, et ne répondaient aux questions des médiums, que par un langage de coups. C'était l'époque du *spiritisme typtologique*, et des *médiums typtologues*. Bientôt après, les esprits commencèrent à suggérer et à faciliter la conversation par le moyen de l'écriture. Ce fut l'époque du *spiritisme graphologique*, et des *médiums graphologues*.

Vint ensuite le *spiritisme par invasion de la personnalité*. Le médium fut investi par un esprit qui, pendant un temps plus ou moins long, s'installait en lui, substituait sa personnalité propre à celle du médium, et se servait de celui-ci, ainsi transformé, comme d'un mécanisme soumis à ses ordres; après quoi il s'éloignait spontanément, rendant le médium à sa condition habituelle.

Il y eut ensuite le *spiritisme voyant*. Les médiums non seulement voyaient eux-mêmes les esprits avec lesquels ils s'entretenaient, mais les faisaient voir à d'autres personnes assistant à leurs entretiens.

Et enfin nous avons aujourd'hui le *spiritisme par matérialisation*, et les *médiums matérialisateurs*. Les esprits non seulement se font voir, en totalité ou en partie, mais ont encore la condescendance de se laisser toucher, et de toucher à leur tour ceux à qui ils se manifestent; ils parlent avec des voix humaines parfaitement articulées; ils jouent d'instruments divers, existant ou non dans les chambres où ils pénètrent; et ils produisent, sans l'aide d'aucun appareil, certains phénomènes physiques dont l'interprétation scientifique a de quoi embarrasser singulièrement les observateurs les plus réfléchis et les plus savants. Et, comme les adeptes du spiritisme sont communément portés à tenir la *matérialisation* des esprits des morts pour un retour de ces esprits à l'existence humaine, cette façon de se manifester est souvent aussi désignée sous le nom de *réincarnation*.

Inutile d'ajouter que ces formes plus récentes des communications spirites n'ont jamais exclu ni entravé les formes connues précédemment : les unes et les autres ont été considérées par les spirites comme se complétant réciproquement. Aujourd'hui encore, dans les séances spirites, les coups frappés sur les murs, sur les tables, sur les meubles, conservent toute leur importance, à côté des écritures, des sons d'instruments, des voix, des visions, des contacts, et de tous ces prodiges dont le nombre ne cesse pas de grandir en même temps que grandit leur étrangeté.

Quant aux diverses théories où ont donné lieu les origines et les faits du spiritisme, nous n'avons pas à nous en occuper dans le présent travail : nous nous proposons seulement de rechercher si les faits en question existent vraiment, et dans quelles circonstances, probables ou certaines, se produisent les soi-disant communications avec les esprits. Il nous arrivera toutefois, dans la suite, de toucher en passant à ces hypothèses : mais nous n'y toucherons que le moins possible, et simplement autant qu'il sera nécessaire pour la pleine clarté de notre exposé.

CHAPITRE II

LES FAITS DE L'HYPNOTISME

1. — Tous ceux qui s'occupent aujourd'hui de l'hypnotisme s'accordent à le diviser en deux variétés, dont l'une est communément appelée l'*hypnotisme spontané*, tandis que l'autre porte le nom d'*hypnotisme provoqué*, ou *artificiel*. Dans le premier cas, les faits hypnotiques se produisent sans cause extérieure appréciable, et indépendamment de la volonté de qui que ce soit. Dans le second cas, ces mêmes phénomènes se produisent sous l'effet d'une cause déterminée, d'ailleurs plus ou moins connue, et plus ou moins dépendante d'une volonté particulière. Dans l'hypnotisme spontané, les manifestations hypnotiques peuvent avoir une durée très longue, alternant avec des intervalles, plus ou moins longs, de retour à la santé normale. Et l'on

peut dire la même chose, en général, de l'hypnotisme provoqué.

Les phénomènes objectifs et sensibles par lesquels se manifeste l'hypnotisme, spontané ou provoqué, peuvent se réduire à trois : la *léthargie*, la *catalepsie*, et le *somnambulisme*. Ces trois phénomènes peuvent, parfois, se trouver réunis, se succédant l'un à l'autre, formant une série constante et inséparable ; d'autres fois, ils apparaissent séparément, de telle sorte que l'état hypnotique se révèle uniquement ou par la léthargie, ou par la catalepsie, ou par le somnambulisme. Dans la première de ces deux conditions, on a le *grand hypnotisme;* dans la seconde, le *petit hypnotisme*. Aussi peut-on dire que le « grand hypnotisme » est une manifestation à forme complète d'un état qui, dans le « petit hypnotisme », ne se manifeste que sous une forme incomplète, et quasiment avortée.

Le grand hypnotisme est celui que, autrefois, on appelait le *magnétisme animal*, le *mesmérisme*, le *braidisme*. Le petit hypnotisme, quand il ne se manifeste que par la léthargie, ou par la catalepsie, reçoit souvent le nom de *fakirisme*, parce que les Fakirs indiens connaissent un grand nombre de procédés pouvant les mettre dans l'une ou l'autre de ces deux conditions, qu'ils savent ensuite faire durer très longtemps, et exploiter habilement pour émouvoir la compassion ou la crédulité publiques. Le petit hypnotisme qui ne se traduit que par des phénomènes de somnambulisme est, d'ordinaire, désigné sous ce même nom de « somnambulisme », lorsqu'il se produit spontanément. Lorsqu'il est provoqué, on l'appelle *l'état somnambulique artificiel*. Enfin il y a une forme d'hypnotisme que l'on désigne du nom de *vigilambulisme*. C'est un somnambulisme qui se produit le jour aussi bien que la nuit, et qui peut durer pendant des semaines et des mois, comme il peut aussi revenir, sans cause apparente, par périodes assez régulières, séparées de longs intervalles de parfaite santé apparente. Dans les cas de ce genre, la conduite des sujets peut présenter des alternatives singulières, que le sujet est incapable d'expliquer, et dont souvent il ne se rend pas compte. Le Dr Azam, de Bordeaux, qui a étudié avec grand soin quelques-uns de ces cas, a distingué les deux états de ses sujets en appelant *premier état* celui qui se rapprochait le plus des conditions normales, tandis qu'il désignait l'autre du nom de *second état*.

2. — Chez les personnes qui présentent spontanément l'état de petit hypnotisme, c'est chose très facile de susciter artificiellement le grand hypnotisme.

On a dit que, parmi ces personnes, les somnambules sont ceux qui fournissent le plus fort contingent de sujets capables d'offrir le tableau complet du grand hypnotisme provoqué. Et cela est vrai : mais seulement parce que les somnambules sont infiniment plus nombreux que les personnes souffrant de léthargie ou de catalepsie spontanées, et peuvent ainsi être soumis plus facilement aux expériences de l'hypnotisme provoqué.

3. — Sous toute la variété de ses formes, l'hypnotisme ne se manifeste que par des *accès* ou *attaques*, avec des intervalles plus ou moins étendus.

Les attaques du grand hypnotisme, spontanées ou provoquées, peuvent commencer ou par la léthargie, ou par la catalepsie, ou par le somnambulisme ; puis, à ce premier état, spontanément ou artificiellement, succèdent les deux autres.

Les attaques spontanées du petit hypnotisme peuvent également devenir le point de départ d'une attaque de grand hypnotisme, si l'on intervient artificiellement pour provoquer, par exemple, chez un somnambule, la catalepsie et la léthargie.

Dans le grand hypnotisme spontané, les attaques se produisent, le plus souvent, après un accès de convulsions hystériformes ; alors, presque toujours, le sommeil de prostration qui termine cette crise constitue le début de la léthargie, premier stade du cycle hypnotique. Lorsque l'état d'hypnotisme, au lieu de commencer par des convulsions, succède à un grand chagrin ou à une grande joie, presque toujours il se manifeste d'abord par la catalepsie. Enfin lorsque l'attaque survient pendant la digestion, ou pendant le sommeil, son phénomène initial est, habituellement, le somnambulisme.

Dans l'hypnotisme provoqué, le phénomène initial diffère d'après les moyens employés. Si l'accès doit être complet, on parvient très facilement, ayant obtenu le premier phénomène, à provoquer les deux autres. Si, au contraire, l'accès doit rester incomplet, — ce qui est, du reste, très rare, — on s'aperçoit bientôt que, le premier phénomène obtenu, les deux autres, ou l'un des deux, se refusent à lui succéder.

4. — Infiniment variés sont les moyens qui, chez des sujets prédisposés par leur nature, ou préparés d'une façon quelconque, servent à provoquer l'hypnotisme.

On croyait jadis qu'il fallait pour cela non seulement un opérateur doué de certains pouvoirs physiques extraordinaires, mais encore des appareils spéciaux, des poses déterminées, des attouchements, pantomimes, gesticulations, et autres manœuvres comiques, dites *passes magnétiques*. Aujourd'hui l'on a reconnu que tout le monde était en mesure de susciter, chez les sujets prédisposés, l'état hypnotique ; et que, quant aux moyens, n'importe quel moyen suffisait qui avait pour effet d'introduire une modification dans la marche de l'imagination du sujet, dans l'état de son cerveau, ou dans l'activité des nerfs sensoriels de la périphérie de son corps. Et ainsi le mécanisme de la provocation hypnotique a perdu une grande partie de l'apparence mystérieuse dont, jusqu'à nos jours, on voulait l'entourer. L'expérience a démontré que les phénomènes de l'hypnotisme ne résultaient d'aucun fluide, physique ou magnétique, mais uniquement de la manière spéciale dont un sujet réagissait aux stimulants, psychiques et physiques, du dedans ou du dehors.

Le Dr Chambard a divisé en cinq groupes les divers moyens capables de provoquer l'hypnotisme : 1° les actions psychiques ; 2° les actions sensorielles ; 3° les actions mécaniques ; 4° les actions physiques; 5° les actions toxiques.

5. — Parmi les actions psychiques, qui constituent le premier groupe, figurent les impressions morales de toute sorte, les images vives de l'imagination, la déférence très profonde que telle personne éprouve pour telle autre, la conviction, spontanée ou imposée, que, dans certaines circonstances, l'état hypnotique devra fatalement se produire. Une frayeur soudaine, une grande joie imprévue, une promesse inespérée, suffisent souvent, chez les individus prédisposés, pour provoquer un accès d'hypnotisme. Plusieurs fois un tel accès s'est manifesté par suite de la terreur amenée par un accident de chemin de fer.

L'état d'hypnotisme naît souvent de la conviction, imposée à un sujet, que l'on a un empire absolu sur lui, et qu'il lui est impossible de résister à l'ordre d'entrer en état hypnotique. Ainsi Heidenhain hypnotisait un jeune élève sans rester près de lui, et sans même penser à lui, mais en l'avertissant, simplement, qu'à telle ou telle heure il l'endormirait. D'autres expérimentateurs (Lœwenthal, Reuss, Besson, Charpignon, Teste, Guidi), ont provoqué l'état hypnotique, chez leurs sujets, au moyen d'une feuille de papier, d'une lettre, d'une fleur, ou encore d'une pilule de mie de pain, que l'on faisait avaler au sujet comme un produit pharmaceutique. Gilles de la Tourette raconte que, pendant qu'il était interne à la Salpêtrière, il voyait souvent, à une fenêtre de l'hôpital, une certaine Marie, hystérique et hypnotisable, qui s'occupait à coudre ou à lire. Par manière d'amusement, il lui disait : « Marie, est-ce que vous dormez ? — Non, Monsieur, je lis ! — Pardon, je vous dis que vous dormez ! — Mais non, Monsieur ! — Mais si ! Vos yeux se ferment, voilà déjà votre livre qui tombe : donc vous dormez ! » Il n'avait pas encore fini de parler que, déjà, la pauvre femme était entrée en état hypnotique.

C'est aussi dans les actions psychiques qu'il faut ranger les effets hypnotigènes de l'inertie ou de la fatigue intellectuelles. Certains individus sains n'ont qu'à penser au vide absolu, à de longues galeries sans fin, pour trouver aussitôt le sommeil naturel. Chez les sujets préparés ou prédisposés, le même artifice suffit souvent pour amener l'état hypnotique. C'est en s'abstenant de penser ou d'imaginer, en s'abstrayant des ennuis de notre bas monde, ou bien encore en se fatiguant l'esprit à méditer sur des choses incompréhensibles, que les bonzes et les brahmines de l'Inde se plongent, souvent, dans le plus classique des états d'hypnose. L'histoire de l'Église nous parle d'une secte d'hérétiques pour qui le bonheur suprême consistait à se procurer la vision mystique de Dieu au moyen de la contemplation ininterrompue de leur propre nombril (*omphaloscopia*). En fixant longuement leur regard et leur attention sur cette partie, d'ailleurs très peu esthétique, de leur corps, ces hérétiques devaient tomber souvent dans un état d'hypnose ; et il se peut que cet état se soit accompagné, pour eux, d'hallucinations ayant pour effet de les confirmer dans leurs croyances. La surprise des merveilles du spiritisme peut également, chez un sujet prédisposé, provoquer l'état hypnotique : c'est le cas d'un sujet dont parle Charcot, dans ses *Leçons sur les maladies du système nerveux*[1].

6. — Le groupe des actions sensorielles comprend les excitations, rapides et brusques, ou lentes et monotones, des organes des sens. Un faisceau de lumière vive projeté, à l'improviste, sur le visage d'un sujet préparé, peut aussitôt provoquer l'état hypnotique, comme peuvent également le provoquer une lumière douce et circonscrite agissant de loin sur les yeux, ou encore la fixation prolongée d'un objet brillant, ou simplement la fixation du regard vif et pénétrant de l'expérimentateur. De la même façon, l'hypnose peut être provoquée ou par un grand bruit soudain, un coup de trompette, de gong, de grosse caisse, l'éclat d'un pétard, ou bien par le battement monotone d'une horloge, la vibration uniforme et lente d'un grand diapason. Le même effet peut résulter de certains attouchements imprévus ou prolongés, de cer-

---

[1] *OEuvres complètes* de Charcot, tome III, p. 229 et suiv.

taines pressions, de certaines élévations ou diminutions de la température extérieure, surtout par rapport à certaines parties du corps. J'ai soigné une religieuse qui, malade de la fièvre typhoïde, et ayant atteint en quelques heures la haute température de 40°,5, fut saisie, au grand effroi de ses compagnes, d'une attaque d'hypnotisme, d'ailleurs très facile à dissiper. Bernheim fait mention d'autres cas analogues[1]. Une caresse sur le front, une étreinte de la main, une pression sur le sommet de la tête, suffisent très souvent à provoquer un accès d'hypnotisme. De même encore l'excitation légère de certaines régions cutanées plus ou moins en rapport avec le sens génésique, ou bien une légère compression des régions ovariennes.

7. — Parmi les actions mécaniques qui constituent le troisième groupe, il faut citer, en première ligne, les chocs violents du corps. A la même catégorie appartiennent les renversements vigoureux et brusques de la tête, employés souvent par les hypnotiseurs publics,

---

[1] *Riforma Medica*, 18 janvier 1896

dans leurs exhibitions. En seconde ligne, viennent les actions mécaniques qui modifient la pression intra-oculaire, c'est-à-dire la compression et le frottement léger du bulbe des yeux, sous les paupières fermées; ou bien encore c'est la convergence des axes optiques, telle qu'on l'obtient en demandant au sujet de fixer la pointe de son propre nez.

8. — Les actions physiques, qui forment le quatrième groupe, sont celles de l'aimant, de l'électricité, et du bain électrique. L'Italien Maggiorani, faisant revivre les anciennes observations du P. Hell et de Mesmer, a pleinement démontré que de nombreux sujets tombent en état d'hypnose dès que l'on approche d'eux un aimant, même à leur insu. Le bain électrique, ou franklinisation, provoque également l'état hypnotique, soit quand le sujet se charge d'électricité, ou bien quand, la charge faite, on fait jaillir les étincelles.

9. — Quant aux actions toxiques, qui composent le cinquième et dernier groupe des moyens capables de produire l'hypnotisme, ces actions sont dues à des substances anesthésiantes, comme l'éther, le chloroforme, la morphine, ou

à des substances enivrantes, comme l'alcool, le chanvre indien. Au cours de la période de délire qu'amènent ces diverses substances toxiques, on voit souvent se produire un état hypnotique, et dont les chirurgiens ne manquent pas de tirer parti durant certaines opérations graves et douloureuses.

10. — Suivant que l'hypnose est provoquée par l'un ou l'autre de ces divers moyens, le phénomène initial du grand hypnotisme est différent.

En règle générale, la confiance, l'attente, l'inertie, la fatigue intellectuelle, la fixation prolongée d'un objet brillant ou des yeux de l'expérimentateur, le battement uniforme d'une horloge ou le son monotone d'un diapason, les attouchements, les pressions, les excitations légères des régions érotogènes, la compression du bulbe oculaire, la convergence des axes optiques, l'application de l'aimant, produisent des attaques qui commencent par la *léthargie*.

Mais pour que ces divers moyens produisent l'effet voulu, il faut ordinairement (non pas toujours, cependant,) que le sujet éprouve une tranquillité et un repos complets; qu'il soit éloigné de tout bruit et de toute cause de distraction; et qu'il soit plongé dans une lumière modérée, ou plutôt encore une demi-obscurité.

Au contraire, une impression lumineuse imprévue sur les yeux, un bruit soudain, violent et inattendu, une secousse subite du corps, un renversement de la tête, une élévation brusque de la température fébrile, font presque toujours commencer l'attaque par *la catalepsie*. Pareillement, c'est la catalepsie qui est le phénomène initial, lorsque l'on provoque l'hypnose par la charge ou la décharge électriques.

Lorsque l'hypnotisme est provoqué par une substance toxique, le phénomène initial peut être ou la léthargie ou le somnambulisme. L'attaque commence par la léthargie lorsqu'elle se produit pendant la période du sommeil profond ; elle commence par le somnambulisme lorsqu'elle se produit durant la période de délire ou d'hallucination ; et nous devons ajouter, que, parfois, dans ce dernier cas, l'attaque a pour prodrome la catalepsie.

Enfin, lorsque les divers moyens hypnogènes sont combinés et employés simultanément, la nature du phénomène initial dépend de celui de ces moyens qui a l'action la plus forte.

11. — Quel que soit le moyen employé pour provoquer l'état hypnotique, il y a bien des chances que l'effet soit faible et incomplet, à la première expérience ; mais cet effet deviendra de plus en plus plein à mesure que les expériences se répéteront. Après un certain nombre de séances, il suffira du plus léger artifice, du plus simple commandement, du son même de la voix de l'expérimentateur, ou de la vue de sa personne, pour que le sujet tombe en état hypnotique ; il suffira même que le sujet se dise qu'il doit tomber dans cet état. C'est ce qui a fait dire, — mais bien à tort, assurément, — que, pour hypnotiser un sujet, il suffisait d'un acte intérieur de la volonté, sans que celle-ci eût à se manifester par aucun signe extérieur (Guidi, Tommasi, Mami). Ce qui est vrai, c'est que, chez les sujets hystériques qui semblent les plus robustes et les plus réfractaires, une préparation patiente et habile, un entraînement prolongé, rendront toujours plus grande la probabilité du succès. Et l'on ne saurait nier, non plus, que la fréquente répétition des pratiques hypnotiques, et particulièrement de celles qui se font par des moyens violents ou de profondes

secousses physiques, ait pour résultat de rendre l'individu de plus en plus susceptible d'hypnotisation provoquée.

12. — Pour acquérir une idée claire et exacte de ce qu'est chacun des trois phénomènes morbides qui constituent le grand hypnotisme, et pour voir de quelle manière chacun de ces phénomènes peut se transformer successivement en les deux autres, nous allons supposer que nous avons devant nous un individu susceptible d'une attaque provoquée de grand hypnotisme.

13. — Nous invitons d'abord l'individu à fixer un objet lumineux, posé à petite distance au-dessus de ses yeux.

Après quelques minutes d'attente, nous observons chez le patient un léger mouvement de déglutition, accompagné d'un léger bruit ou gémissement dans le larynx; un peu d'écume apparaît sur les lèvres; les yeux se ferment entièrement ou à demi; et le sujet tombe en une sorte de sommeil plus ou moins profond. Nous obtenons ainsi l'état de léthargie, qui est, d'après Tamburini, la plus constante et la plus typique des manifestations hypnotiques.

Cette léthargie, d'après Liébault, peut comporter plusieurs degrés.

Dans le premier degré, il n'y a pas un véritable assoupissement, mais un simple état de somnolence, avec engourdissement des membres.

Dans le second degré, l'assoupissement est réel : mais les sujets n'en continuent pas moins à percevoir et à comprendre tout ce qui se passe autour d'eux ; et, plus tard, au réveil, ils se rappellent pleinement ce qui, durant l'état hypnotique, s'est passé en eux et autour d'eux.

Dans le troisième degré, le sommeil est plus profond : mais les sujets perçoivent encore ce qui se passe autour d'eux et le comprennent vaguement, sans que, à leur réveil, ils en conservent aucun souvenir.

Enfin, dans le quatrième degré, l'assoupissement est complet; l'individu est absolument isolé de tout ce qui l'entoure; tout au plus se maintient-il en rapport, plus ou moins intime, avec la personne qui l'a mis en état d'hypnotisme.

Pour nous, le premier de ces degrés, d'ailleurs d'une sincérité très contestable, ne mérite pas le nom de léthargie, et constitue, tout au plus, un prélude léthargique ; et quant aux troisième et quatrième degrés, nous les tenons pour une seule et même chose.

Ainsi nous n'admettons, dans la léthargie, que deux variétés : la première correspond au second degré de Liébault, la seconde aux deux derniers degrés distingués par lui.

Dans la première de ces deux formes de léthargie, l'individu reste immobile, avec les membres inertes et pesants, sans trace de raideur, comme un homme profondément endormi. La peau est froide, couverte d'une légère sueur; la respiration et le pouls sont très lents et peu perceptibles; la sensibilité générique et spécifique se maintient presque intacte ; l'œil est fixe ; la pupille, modérément dilatée, est incapable de réagir à la lumière. La motilité volontaire et la motilité réflexe périphérique sont entièrement suspendues ; seule persiste la motilité réflexe des centres viscéraux.

Cependant l'activité psychique fonctionne comme à l'ordinaire. Le sujet perçoit tout, comprend tout, mais se trouve dans l'impossibilité absolue d'exprimer à autrui ce qu'il éprouve en soi. Et c'est en raison de cette conservation de l'activité psychique que cette première forme de léthargie porte le nom de *léthargie lucide*.

Dans un état de santé presque normal, on retrouve un rudiment de cette variété de léthargie, ou tout au moins de quelque chose d'analogue : ce sont ces sommeils agités de cauchemars où l'on voudrait crier, appeler au secours, remuer, mais où l'on se sent dans l'impossibilité de faire quoi que ce soit.

Les cas de mort apparente nous fournissent de nombreux exemples classiques de léthargie lucide. Tel le cas raconté au Sénat français par le cardinal Donnet, en février 1866, pendant que l'on discutait une loi sur les inhumations. « En 1826, racontait le cardinal, un jeune prêtre fut pris tout à coup d'une syncope, pendant qu'il prêchait dans une église remplie de fidèles. Un médecin déclara que la mort était certaine, et autorisa les obsèques pour le lendemain. L'évêque de la ville récita les dernières prières au pied du lit funèbre, on prit la mesure du cercueil, et bientôt arriva le moment où l'on devait commencer l'ensevelissement. Imaginez les angoisses du jeune prêtre, qui, pendant tout ce temps, restait plein de vie, et aux oreilles de qui arrivait le bruit de tous ces préparatifs ! Enfin le jeune homme entendit la voix, profondément émue, de l'un de ses amis d'enfance; et cette voix provoqua en lui une crise très violente, qui aboutit à un résultat merveilleux. Le lendemain, le jeune prêtre était déjà en état de remonter en chaire. Et, aujourd'hui, ce même prêtre se trouve parmi vous ! C'est à moi qu'est arrivée cette aventure; et je vous demande de la prendre en considération, afin d'empêcher de graves et irréparables malheurs, comme celui dont j'ai été menacé moi-même [1]. »

Dans la seconde variété de léthargie, qui est la plus commune, et que l'on désigne des noms de *léthargie simple*, ou de *léthargie vulgaire*, les membres du sujet endormi sont mous, flasques, pendants; quand on les soulève et qu'on les laisse retomber, ils s'abattent lourdement. Le pouls est lent; la respiration un peu superficielle : mais le sommeil est calme. Contrairement à ce qui a lieu dans le sommeil normal, les pupilles sont toujours plus ou moins dilatées; jamais elles ne réagissent à la lumière. La sensibilité cutanée est tout à fait abolie. On

---

[1] *Moniteur*, 1ᵉʳ mars 1866.

peut piquer, frapper, tailler, brûler : le sujet ne sent plus rien. Les appareils spécifiques des sens, en vérité, conservent un certain degré d'activité; mais, presque toujours, celle-ci est insuffisante pour impressionner pleinement l'individu hypnotisé.

Le centre de sensibilité est également assoupi, d'une façon plus ou moins profonde; et telle est, en général, l'inertie de l'intelligence qu'il est très difficile de se maintenir en rapport avec le sujet hypnotisé, ou de lui communiquer, n'importe comment, une idée, ou de le stimuler ou d'agir sur lui en aucune manière.

14. — La période léthargique de l'hypnotisme comporte, d'après l'école de Charcot, trois phénomènes physiques très importants : 1° l'exagération des réflexes tendineux; 2° l'excitabilité musculaire permanente; 3° l'excitabilité nervo-musculaire transitoire.

On appelle *réflexe tendineux* le mouvement brusque de détente qui se produit dans telle et telle partie du corps, lorsque l'on frappe un tendon musculaire attaché à un os. Dans l'état normal, cette détente est modérée : dans l'état léthargique, elle s'exagère infiniment. Si, dans l'état normal, on croise une jambe sur l'autre, et que l'on frappe ensuite le tendon de la rotule, au-dessous de la partie antérieure du genou, on verra le pied se soulever à une hauteur de 6 à 10 centimètres. Dans l'état de léthargie, à conditions égales, le soulèvement du pied atteindra de 16 à 20 centimètres, et plus encore.

Qu'est-ce, maintenant, que *l'excitabilité musculaire permanente?* Si nous palpons un peu fort, ou si nous stimulons directement, par quelque autre moyen, un muscle, par exemple le biceps du bras, celui-ci se contracte, faisant plier en angle droit l'avant-bras sur le bras. Si nous voulons alors ramener le membre à son état primitif d'extension, en forçant la partie contractée, la contracture ne cède point; le muscle se romprait plutôt que de céder. Au contraire, la contracture cédera aisément si nous palpons le muscle antagoniste, qui, dans notre exemple, sera le muscle triceps du bras. Nous voyons alors le membre se déplier naturellement, et reprendre son ancienne position aplatie.

Or si, chez un sujet en état de léthargie, on provoque la contracture d'un muscle, et qu'on réveille ensuite le sujet, sans avoir d'abord stimulé le muscle antagoniste, la contracture persiste même dans l'état de veille. Aucun artifice ne parvient à la faire céder, jusqu'à ce que l'on ait remis le sujet en état de léthargie, et que, dans cet état, on ait stimulé le muscle opposé à celui que l'on a raidi.

L'excitabilité *nervo-musculaire transitoire* consiste dans le fait suivant. Si, chez un sujet hypnotisé, l'on appuie le doigt ou une baguette le long du parcours d'un nerf moteur, on observe un phénomène très singulier : tous les muscles qui dépendent de ce nerf se contractent, et restent contractés aussi longtemps que dure la compression ou l'excitation du nerf correspondant. Le sujet devient aussitôt un anatomiste, un physiologiste infaillible : jamais il ne se trompe sur les muscles intéressés. Chose remarquable, cette excitation nervo-musculaire s'observe, toujours parfaitement en harmonie avec les données anatomiques et physiologiques, chez les individus les plus divers, et les plus incapables de toute supercherie, puisque non seulement ils ignorent les choses de la science, mais qu'ils ne se rendent même pas compte des recherches qui s'exécutent sur eux; et le phénomène a lieu même quand les expérimentateurs, eux aussi, n'ont aucune notion d'anatomie ni de physiologie.

Nous avons dit que ces trois phénomènes physiques sont très importants : en effet, ils peuvent servir à attester la réalité de l'état léthargique, et à distinguer la léthargie véritable de la léthargie simulée.

Celui qui ignore l'exagération du réflexe tendineux, dans l'état léthargique, ne saura point comment se comporter, quand il voudra simuler ; ou bien, s'il connaît le phénomène, il le simulera avec tant d'exagération que la fraude deviendra manifeste. De la même façon, celui qui ne connaît pas les effets de l'excitation musculaire directe accomplie en état de léthargie, ou bien ne pensera pas à présenter le phénomène que nous avons décrit, ou bien se laissera facilement surprendre dans un moment de distraction. Enfin, si savant que l'on suppose un individu soumis à l'expérience, si habitué qu'on le suppose à certains jeux musculaires, jamais il ne réussira à donner, avec la promptitude et la perfection requises, les contractions musculaires qui, durant la léthargie hypnotique, se provoquent par l'excitation des troncs nerveux.

Malheureusement ces divers phénomènes, qui constituent des signes de reconnaissance des plus précieux, ne sont ni constants, ni caractéristiques.

Ils ne sont point constants, car il y a des cas de léthargie où ils manquent tout à fait ; ils ne sont point caractéristiques, car on les rencontre parfois dans d'autres états hypnotiques, ou dans certains cas d'hystérie, même en dehors de l'état hypnotique. Et il se peut que, à la place de ces phénomènes, d'autres phénomènes physiques se produisent, que l'on rencontre communément dans les autres périodes de l'hypnotisme.

Nous devrons donc nous borner à dire que les trois phénomènes susdits, *lorsqu'ils ont lieu*, sont toujours d'une grande utilité, autant pour confirmer la réalité de la léthargie que pour dévoiler une simulation possible de cet état hypnotique.

Ajoutons qu'un individu mis en état de léthargie hypnotique peut être réveillé aussitôt, lorsqu'on lui souffle sur le visage. Chez certaines femmes hystériques, on peut aussi obtenir le réveil par une légère compression de la région ovarienne.

Au contraire, une légère pression sur le haut de la tête suffit à transformer la léthargie en somnambulisme.

15. — Mais il vaut mieux, pour la clarté de notre étude, que nous parlions d'abord du passage de la léthargie à la catalepsie.

Pour effectuer ce passage, il nous suffira de soulever les paupières du sujet, et de projeter devant ses yeux une vive lumière. Cet artifice très simple transformera bientôt le léthargique en un cataleptique.

Dans la catalepsie simple, qui est la plus commune des trois variétés, le sujet reste immobile, avec un visage impassible, ayant ses yeux fixes et très ouverts. Aucun battement des paupières; et, presque toujours, une abolition complète, ou tout au moins une extrême diminution, de l'excitabilité réflexe musculaire.

Les membres, par manque de résistance, apparaissent d'une légèreté extraordinaire; ils se prêtent à tous les mouvements qu'on leur imprime, et conservent longtemps l'attitude qu'on leur impose, celle-ci fût-elle la plus incommode et la plus inaccoutumée.

Un bras mis dans la position horizontale gardera cette position, sans le moindre tremblement, souvent pendant un quart d'heure de suite; une plume attachée à l'extrémité des doigts dessinera, sur un tambour tournant, ou sur un plan mobile quelconque, une ligne parfaitement droite.

La respiration est très lente et tout à fait superficielle. Les tracés pneumographiques, obtenus avec l'appareil enregistreur de Marey, sont formés de longues lignes horizontales, avec des interruptions rares, légères, et équidistantes.

Ces deux faits sont très importants pour la découverte des simulations. Chez les personnes qui simulent la catalepsie, le tracé de la main horizontale ne tarde pas à devenir une ligne tremblée et inégale. De même, pour la respiration, les tracés font voir une série continue d'irrégularités ; et la simulation se découvre dans l'effort musculaire où se contraint le simulateur pour bien jouer son rôle.

Dans la catalepsie simple, le courant électrique détermine, comme dans l'état normal, la contraction des muscles sur lesquels il agit. Mais cette contraction disparaît dès que cesse l'action du courant : et c'est encore là un fait qui peut permettre de découvrir la simulation.

Les facultés mentales, dans la catalepsie simple, sont inertes, mais d'une façon moins absolue que dans la léthargie. L'imagination conserve le pouvoir de former certaines images : mais celles-ci restent tout à fait isolées, ou, tout au plus, s'associent en groupes très limités, et échappent toujours au contrôle de cette grande collection d'idées personnelles, accumulées et associées depuis longtemps, qui constituent le patrimoine fondamental de la conscience proprement dite. Aussi, lorsque ces images se traduisent au dehors par des mouvements, les actes qu'elles provoquent se distinguent-ils par leur caractère isolé, inconscient, automatique, et, pour ainsi dire, strictement mécanique. C'est alors que nous avons vraiment sous les yeux, dans toute sa simplicité, l'*homme-machine* rêvé jadis par La Mettrie.

Quant aux sens, l'incapacité d'éprouver la douleur physique est presque absolue ; mais les sens spécifiques, le toucher, le goût, l'odorat, la vue, l'ouïe, la sensibilité musculaire, gardent une certaine part de leur activité.

Cette persistance d'une partie de l'activité des facultés psychiques et d'une partie de l'activité des sens nous permet d'impressionner l'imagination du sujet cataleptique, et d'entrer en rapports avec lui.

Dans la plupart des cas, la seule manière dont nous puissions entrer en rapports avec l'hypnotisé cataleptique consiste à mettre en jeu son sens musculaire. Un seul geste, une seule attitude, que nous imposons au sujet, suffiront, le plus souvent, à évoquer en lui l'idée que nous voulons lui transmettre.

Si, par exemple, nous lui fermons le poing, comme pour attaquer, toute sa physionomie prendra une expression menaçante. Au contraire, approchons de sa bouche les doigts détendus de l'une de ses mains, avec le geste de lancer un baiser : son visage revêtira aussitôt une expression correspondante, de douceur, de bonté. En excitant les divers muscles de son visage pour leur faire reproduire l'état qu'ils présentent dans la tristesse, dans la crainte, dans la colère, dans la gaîté, nous verrons aussitôt les autres parties du corps se mettre en harmonie avec les images que la disposition artificielle des muscles de la face a évoquées dans le cerveau du sujet hypnotisé.

Donnons maintenant à chacun des deux bras du cataleptique une attitude d'expression contraire, par exemple de salut à droite et de mépris à gauche : les deux moitiés du visage assumeront alors deux expressions contraires, à droite la bienveillance, à gauche le mépris. Et le même phénomène se produira dans l'attitude des bras, si nous provoquons des expressions contraires dans les deux moitiés du visage.

Cette grande correspondance que l'on observe toujours, chez les cataleptiques, entre la pose du corps et l'expression de la physionomie, a même conduit certains érudits à supposer que les anciens sculpteurs grecs, pour l'exécution de tels de leurs chefs-d'œuvre, ont eu des modèles en état de catalepsie.

Mais, quoi qu'il en soit sur ce point, c'est chose sûre que l'idée évoquée, chez le cataleptique, par l'entremise du sens musculaire, reste toujours isolée, sans diffusion, sans association; elle s'implante, pour ainsi dire, dans l'imagination, et l'occupe tout entière, aussi longtemps que dure la pose expressive artificiellement imprimée aux muscles.

La catalepsie par fascination a lieu lorsque

l'activité fonctionnelle de la vue prévaut sur celle du sens musculaire, ou lorsque, durant la catalepsie, nous parvenons, par une lumière vive, par un coup d'œil impérieux, par un bruit, ou par quelque autre moyen, à attirer l'attention du sujet sur nous ou sur une autre personne présente.

Aux divers faits physiques qui caractérisent la catalepsie simple on voit se joindre, alors, une excitation motrice suscitée par les perceptions visuelles, et en harmonie avec elles.

Le regard du sujet est fixé sur celui de l'hypnotiseur, ou de la personne qui le représente. Quand l'hypnotiseur marche, le cataleptique marche aussi ; quand il remue un bras, quand il fait semblant de boire, quand il ferme un œil, quand il tire la langue, le cataleptique imite tous ses mouvements.

Si, dans cet état, on parle au cataleptique, ou bien il ne répond pas, tout en remuant les lèvres à l'imitation de la personne qui lui parle; ou bien il répète les paroles entendues, comme un écho. Il ne semble pas avoir d'autres idées que celles que lui suggère la vue de la personne ou de l'objet qui absorbe toute la petite somme d'attention dont il est capable. On peut l'insulter affreusement sans qu'une fibre de son visage se meuve. On peut le battre, le piquer, le brûler : pourvu seulement qu'il n'en voie rien, il ne réagira d'aucune façon ; s'il voit, il cherchera simplement, d'une manière toute mécanique, à reproduire l'acte observé par lui ; et, même alors, il s'arrêtera au milieu de son acte, si une volonté étrangère ne l'oblige pas à la réalisation complète.

Cependant, un certain degré de conscience persiste chez lui : car, lorsque l'on interrompt son état hypnotique, il se rappelle en partie ce qu'il a vu, ce qu'il a fait, ce qu'il a éprouvé, tout en affirmant qu'il s'est senti incapable d'opposer à cette fascination le petit grain de volonté propre qui lui restait encore.

Enfin il y a des cas où, chez le cataleptique, l'activité passive de l'âme subsiste, jointe à un certain degré de conscience et de mémoire, et accompagnée d'une activité exagérée de l'imagination. C'est alors la forme de catalepsie dite *extatique*. Les images évoquées à l'esprit par l'imagination, qui, cette fois, opère spontanément, n'ont plus d'influence sensible sur l'attitude du corps. Souvent même le visage conserve, durant tout l'accès, une expression apathique et immobile. La sensibilité, générale et spécifique, est abolie ou très diminuée, dans les divers organes. La respiration est lente et superficielle; le pouls lent et petit; la surface du corps devient froide et décolorée. La flexibilité cataleptique des membres existe, mais à un degré moindre, ou parfois est remplacée par une contracture tonique particulière.

Nous devons ajouter que, dans l'hypnotisme provoqué, la catalepsie ne revêt presque jamais cette dernière forme.

Si maintenant, chez un cataleptique, nous abaissons les paupières des deux yeux, la catalepsie cesse aussitôt, et se transforme en léthargie.

Mais si, au lieu d'abaisser les paupières des deux yeux, nous n'abaissons que celle d'un seul œil, nous voyons se produire un phénomène étrange : pendant que la moitié du corps qui correspond à l'œil ouvert reste en état de catalepsie, l'autre moitié, correspondant à l'œil fermé, présente les particularités physiques qui caractérisent la léthargie. C'est ce qu'on appelle l'hémicatalepsie léthargique, ou encore l'hémiléthargie cataleptique.

Enfin, l'état de catalepsie, comme l'état de léthargie, cesse instantanément quand on souffle au visage du sujet hypnotisé.

16. — Que si, au contraire, on fait à ce sujet hypnotisé une légère friction sur le sommet de la tête, on voit alors se produire le *somnambulisme*.

Le somnambule a les yeux fermés, ou à demi fermés ; et, quand on l'abandonne à lui-même, il semble dormir normalement. Mais le relâchement de ses membres est beaucoup moins marqué que dans la léthargie. La respiration et la circulation, elles aussi, fonctionnent d'une façon à peu près normales.

Les fortes et profondes stimulations mécaniques des muscles, non plus que la pression sur les troncs nerveux moteurs, ne donnent presque jamais lieu au phénomène de l'hyperexcitabilité nervo-musculaire. Mais un léger frottement de la peau détermine une assez longue contraction des muscles locaux ; et cette contraction ne cède pas, comme celle de la léthargie, à l'excitation des muscles antagonistes, mais se résout par la continuation du même frottement cutané qui l'a provoquée.

Le trait caractéristique du somnambulisme est l'exaltation de la force musculaire et de l'acuité des sens spécifiques[1].

Que l'idée vienne, à un somnambule, de se rendre en un certain endroit : on sera stupéfait de l'énorme force musculaire qu'il saura déployer pour écarter de son chemin tous les obstacles possibles.

Les fonctions visuelles acquièrent une finesse extraordinaire. Par la petite fente que laissent les paupières mi-closes, et avec le secours d'une lumière infiniment faible, le somnambule lira facilement les caractères les plus menus, réalisant presque la fameuse expérience de la vue sans l'intermédiaire des yeux. Mais jamais cette acuité de la vue ne va jusqu'à permettre aux hypnotisés de voir à travers les objets opaques : tout ce que l'on a dit d'une *clairvoyance* illimitée, chez les sujets en état hypnotique, nous paraît, jusqu'à démonstration probante du con-

---

[1] Parfois, cependant, au lieu de cette dernière, on observe une abolition quasi complète de l'activité des organes sensoriels.

traire, devoir être relégué parmi les fables, sans que, toutefois, nous puissions à priori le déclarer absurde.

Les sens de l'ouïe, de l'odorat, et du toucher, peuvent également acquérir une puissance de perfection extraordinaire. L'exagération du pouvoir auditif peut rivaliser avec l'acuité merveilleuse du pouvoir visuel ; et ce n'est pas du tout chose inadmissible qu'un somnambule soit capable d'entendre des sons à très grande distance, encore que le fait n'ait jamais été constaté positivement.

Quant au sens du toucher, nous devons noter que, tandis que ce sens peut acquérir une finesse extrême pour sentir la résistance, le contour, et la chaleur, il peut aussi, en même temps, perdre absolument la capacité de sentir la douleur.

Pour prouver cette délicatesse anormale du toucher dans l'état de somnambulisme hypnotique, le Dr Azam rapporte que, lorsqu'il posait une main nue à 40 centimètres du dos couvert d'une somnambule, celle-ci se penchait en avant, et se plaignait de la grande chaleur qu'elle éprouvait dans le dos. Elle se penchait de la même façon pour échapper au froid, lorsqu'on plaçait derrière elle, à la même distance, un morceau de glace.

Il faut ajouter que cette acuité des appareils sensoriels, chez les somnambules, ne s'étend pas à toutes les impressions des sens, mais seulement à celles qui se rapportent aux images sous la domination desquelles se trouve le sujet. Le somnambule ne voit, n'entend, ne sent que ce qui rentre dans le cercle des idées suscitées dans son imagination; il est fermé à toutes les autres impressions du dehors, ou, du moins, ne les éprouve que vaguement, et sans pouvoir s'en rendre compte. C'est là un fait singulier, mais qui peut-être, comme nous le verrons par la suite, n'est pas très difficile à expliquer.

L'exaltation fonctionnelle des sens peut s'accompagner, dans le somnambulisme, d'une surexcitation de quelques-unes des facultés cérébrales, pendant que la plupart d'entre elles restent dans un état plus ou moins complet d'obnubilation et d'engourdissement.

La mémoire peut être très vive, aussi bien pour les faits du moment présent que pour ceux de la vie passée. Pourtant, chose singulière, tandis que l'individu en état de somnambulisme se souvient, avec une précision parfaite, de tout ce qui se rapporte à sa vie en état de veille, immédiate ou lointaine, le même individu, lorsqu'ensuite il rentre dans l'état de veille, n'a plus aucun souvenir de ce qui lui est arrivé durant son sommeil hypnotique. Pour qu'il puisse se rappeler ce qu'il a dit, fait, ou entendu, dans son sommeil, il faut ou bien qu'on le réveille brusquement au beau milieu de son activité somnambulique, ou bien qu'il soit remis en état de somnambulisme. Et encore, dans ces deux cas, affirmera-t-il ne se souvenir de rien, si on lui a ordonné de tout oublier.

Parfois aussi l'intelligence semble devenir beaucoup plus active que dans l'état normal. Bremaud raconte l'histoire d'un de ses parents, élève d'un lycée, qui, étant mis en état de somnambulisme, résolvait rapidement et élégamment un problème difficile de trigonométrie, qui d'abord, en état de veille, l'avait fort embarrassé. Et lorsqu'ensuite le jeune lycéen était réveillé de son état hypnotique, son embarras, devant le problème, se retrouvait au même point.

Quoi qu'il en soit, c'est chose certaine que l'activité de l'intelligence, dans l'état de somnambulisme hypnotique, ne s'élève jamais au point de permettre que le sujet hypnotisé parvienne à la connaissance des choses occultes, des événements futurs, ni de secrets scientifiques dont il n'aurait point connaissance en état de veille : tout cela, qui constitue une autre des formes diverses de la *clairvoyance*, a été souvent attribué à des sujets hypnotisés, mais sans qu'on en ait fourni jusqu'ici des preuves suffisantes. On a raconté, par exemple, que des sujets illettrés avaient pu, en état de somnambulisme, parler des langues qui leur étaient auparavant tout à fait inconnues : mais le fait doit être accueilli avec une extrême réserve ; et nous dirons plus tard comment les choses se sont passées, en réalité, dans l'unique cas de ce genre que nous ayons eu l'occasion d'observer.

Dans les cas ordinaires, l'imagination est, entre toutes les facultés mentales, celle qui domine. Ses images se représentent à l'esprit si vivement qu'elles donnent l'illusion de la réalité. Mais tandis que, dans le somnambulisme naturel, l'activité de l'imagination est toujours spontanée, ou du moins provoquée par des impressions intérieures, dans le somnambulisme hypnotique cette activité n'est stimulée que par les sensations extérieures, auxquelles s'associe le souvenir d'autres sensations précédentes. De sorte que, en suscitant des sensations déterminées, il est facile de faire surgir, dans l'imagination du somnambule, telles ou telles images que l'on veut.

En tout cas, le réveil de l'idée déterminée par la sensation reste toujours un phénomène partiel, encore que le nombre des éléments mis en jeu soit moins limité que dans la léthargie et dans la catalepsie. Quelquefois, cependant, le phénomène psychique présente une diffusion assez étendue, qui révèle comme une tendance à la reconstitution de l'individualité du sujet ; dans ce cas, les mouvements qui résultent des idées perdent la rigidité des actes purement automatiques, et revêtent, jusqu'à faire illusion, l'allure d'actes spontanés, sinon pleinement délibérés et prémédités.

Dans des circonstances particulières, le somnambule semble même posséder un certain degré de volonté, qui presque jamais ne se rencontre dans l'automatisme de la catalepsie. Et certains faits vont jusqu'à nous permettre de reconnaître, chez les somnambules hypnotisés, une part de conscience de leurs actions et de la moralité de celles-ci. Mais il faut ajouter que la volonté du somnambule est toujours très molle, et que, peut-être en raison de la limitation du champ de l'activité intellectuelle, cette volonté est dominée par les images qui surgissent, spontanément ou non, dans l'imagination.

On a parfois observé, chez les somnambules hypnotisés, l'étrange phénomène appelé *transposition des sens*. Le professeur Lombroso a raconté naguère le cas d'une hystérique qui, durant des accès de somnambulisme consécutifs à des attaques de catalepsie (c'est-à-dire, évidemment, dans un cas d'hypnotisme spontané), perdait complètement la capacité de voir par les yeux, mais, en revanche, acquérait la capacité de voir, avec le même degré d'acuité, ou bien par la pointe du nez, ou par le lobe de l'oreille gauche. Elle distinguait ainsi non seulement les couleurs, mais jusqu'aux caractères d'une lettre qu'elle venait de recevoir. Rien de plus curieux que la mimique imprévue avec laquelle cette malade réagissait contre les stimulants que l'on appliquait à ce que nous pourrions appeler ses yeux de rechange. Lorsque l'on concentrait sur son oreille gauche, avec une lentille, des rayons de lumière, elle tressautait vivement, et demandait si on voulait l'aveugler. Elle secouait la tête, se couvrait l'oreille avec le bras, comme nous ferions pour nos yeux, si ceux-ci étaient saisis d'une lumière trop intense.

Une transposition analogue avait lieu pour l'odorat. Des odeurs fortes, comme l'ammoniaque ou l'assa fœtida, mises sous le nez, ne produisaient aucune réaction ; mises sous le menton, elles faisaient éternuer, et contraignaient la malade à secouer la tête en signe de dégoût et de nausée [1].

Durant le somnambulisme, on peut produire tour à tour *l'hémiléthargie* et *l'hémicatalepsie* somnambuliques, en fermant et puis en rouvrant l'un des deux yeux. Le sujet offre alors un bel exemple de ce que l'on appelle le *dualisme* cérébral. Tandis qu'une moitié de son corps, endormi, reste immobilisée dans la pose cataleptique que nous avons décrite, l'autre moitié est en état de veille apparente et de pleine activité. Le malade,

---

[1] Ziemssen, *Pathologie et Thérapeutique médicales*, 1883, vol. XII, part. II. *La Fanfulla della Domenica*, 22 octobre 1882.

dans ces conditions, semble avoir une certaine conscience de ce qui se passe dans une moitié de son corps; et, en même temps, il laisse voir qu'il ignore complètement, ou à peu près, ce qui se passe dans l'autre moitié.

La crise de somnambulisme hypnotique peut, si l'on veut, se prolonger pendant vingt-quatre heures, et plus encore. Le réveil peut s'obtenir par divers procédés; mais le plus simple, et peut-être aussi le plus efficace, est celui qui consiste à souffler sur les yeux.

17. — Au cours des trois phénomènes morbides que nous venons de décrire comme constituant les parties intégrantes d'une attaque complète d'*hypnotisme provoqué*, on peut observer un fait particulièrement étrange, qui est connu sous le nom de *suggestion*.

On appelle suggestion l'insinuation d'une idée, l'inspiration d'un désir, d'un projet, d'une détermination, d'un acte. La suggestion consiste à imposer à un sujet hypnotisé des images que, à un moment donné, l'imagination de ce sujet devra docilement concevoir avec une intensité extrême, au point de pouvoir en ressentir les effets jusque dans ses fonction   niques involontaires.

18. — Les images ainsi imposées par suggestion sont capables de se traduire en actes, à l'égal de celles qui surgissent spontanément, ou par un travail réfléchi de la volonté. Cette transformation des images suggérées en actes extérieurs peut s'effectuer non seulement pendant l'état hypnotique, mais même à une époque plus ou moins déterminée, après le réveil (suggestion post-hypnotique), et cela sans que l'individu, revenu à son état normal, se rappelle comment, quand, pourquoi, telle ou telle idée lui est venue à l'esprit. Les suggestions qui doivent se réaliser à une époque plus ou moins définie portent le nom de *suggestions à échéance*.

Ces suggestions peuvent provenir, chez les sujets, ou bien de ces sujets eux-mêmes, ou d'autres personnes. Dans le premier cas, elles constituent ce qu'on appelle l'auto-suggestion : elles peuvent être ou bien volontaires et conscientes, comme quand elles se formulent en pleine veille, et dans des conditions de santé à peu près normales, ou bien involontaires et inconscientes, comme quand elles s'établissent au cours d'un rêve, pendant le sommeil, ou pendant un délire morbide ou encore sous l'influence d'illusions ou d'hallucinations plus ou moins passagères. Dans le second cas, les suggestions s'appellent *communes* ou *extrinsèques*; et elles n'ont d'efficacité que si elles proviennent de l'hypnotiseur lui-même, ou si elles sont imposées avec l'approbation de celui-ci.

Lorsque la suggestion vient du dehors, il faut toujours qu'elle soit communiquée au moyen d'un signe sensible, un geste, une parole, une impression sensorielle, une modification du sens musculaire. En l'absence de ce signe, la suggestion ne se transmet point.

Aucun fait scientifique bien constaté n'est venu justifier, jusqu'à présent, l'hypothèse d'une *suggestion* purement *mentale* dont on a souvent parlé, et qui permettrait à l'hypnotiseur d'imposer une idée à l'esprit du sujet sans que nul signe extérieur trahisse sa pensée.

19. — La léthargie est l'état hypnotique le moins propice à la suggestion, et cela parce que, si la léthargie est complète, comme dans ses formes ordinaires, l'individu est pour ainsi dire mort au monde extérieur; si, au contraire, la léthargie est incomplète, comme dans la léthargie lucide, les facultés mentales restent assez mal-

tresses de soi pour ne pas subir passivement l'imposition d'idées venues du dehors.

Mais, même dans la léthargie hypnotique, il peut y avoir suggestion, surtout lorsqu'il s'agit d'ordres qui doivent être réalisés après le réveil ; de tels ordres sont possibles lorsque la léthargie, de forme lucide, s'accompagne d'illusions ou d'hallucinations.

Beaucoup plus facile est la suggestion dans l'état hypnotique de catalepsie. Dans la catalepsie simple ou dans la fascination, la suggestion ne peut provenir que du dehors ; dans la catalepsie extatique, elle peut provenir du dedans aussi bien que du dehors.

La suggestion en état de catalepsie n'a que très rarement le caractère post-hypnotique : presque sans exception, les ordres donnés ne s'exécutent que pendant le sommeil hypnotique. Cette suggestion, en outre, ne dépasse presque jamais les images suscitées par la perception de l'acte ou de l'objet qui impressionne l'individu hypnotisé. Par exemple, si, devant les yeux d'un cataleptique, on agite les doigts pour imiter le vol d'un oiseau, le patient suivra du regard le vol de l'oiseau imaginaire, jusqu'à ce qu'une nouvelle sensation vienne changer le cours de ses illusions. Si l'on met entre les mains du sujet un instrument qu'il connaît, par exemple un soufflet, le sujet se met aussitôt à souffler, et continuera indéfiniment, sans que la suggestion obtienne rien de plus. Parfois, cependant, exceptionnellement, la suggestion réussit à obtenir, chez les cataleptiques, l'exécution d'un ordre un peu plus compliqué : mais cet ordre même ne s'exécute jamais qu'avec une raideur automatique, et souvent, à un moment donné, sans cause apparente, l'exécution s'arrête tout d'un coup, reste en suspens au milieu d'un acte. Il est infiniment rare que la suggestion cataleptique parvienne à provoquer des hallucinations ou des illusions un peu plus durables, accompagnées ou non d'une série d'actes correspondants.

Des trois conditions hypnotiques, c'est le somnambulisme qui est, à beaucoup près, le plus favorable aux suggestions de toute espèce. Dans le somnambulisme, toutes les images de la fantaisie, toutes les impressions sensorielles, à la condition qu'elles soient provoquées par l'hypnotiseur ou par les individus qu'il autorise à se substituer à lui, peuvent devenir le point de départ des suggestions les plus diverses.

20. — La suggestion peut avoir pour objet aussi bien les fonctions organiques et sensorielles, que les désirs, les tendances, les opérations de l'imagination, comme aussi les opérations même de l'intelligence et les actes de la volonté, en tant que ces opérations et ces actes dépendent du travail de l'imagination et y sont reliés.

Ainsi l'on peut suggérer à un individu en état de somnambulisme provoqué l'ordre de vomir ou de saigner du nez, durant l'état hypnotique ou après le réveil ; on peut lui suggérer l'ordre de devenir aveugle d'un œil ou entièrement muet, pendant un ou deux jours, soit durant le sommeil hypnotique ou quand il reviendra à l'état de veille. Et, à notre grande surprise, nous verrons le sujet, au moment et pendant le temps prescrits, vomir, saigner du nez, rester aveugle d'un œil, ou se trouver hors d'état de parler.

« Il faut que vous ayez soif ! — dira l'hypnotiseur à un somnambule. — Voici d'excellent vin de Marsala : buvez-le, et vous m'en direz ensuite votre avis ; et sachez que ce vin vous enivrera pendant une demi-heure ! » Le sujet prendra le verre qu'on lui tend, et qui est vide, ou encore plein d'eau, ou bien rempli d'une mixture infecte et amère. Il boira, ou fera le geste de boire ; il sera émerveillé de la saveur du breuvage qu'on lui aura donné ; et, pendant le temps prescrit, il présentera tous les signes de l'ivresse.

Il serait également possible d'obtenir par suggestion, durant l'état hypnotique, le fait singulier de transposition des sens que Lombroso nous décrit comme s'étant produit spontanément chez une de ses malades. Sur un ordre qu'on lui donnerait, le malade verrait par le lobe d'une oreille, sentirait les odeurs par le menton, et ainsi de suite.

On peut encore, au moyen de la suggestion, imposer au sujet hypnotisé la conviction profonde de n'être plus la personne qu'il est en réalité, mais une autre personne de sa connaissance, ou encore un animal de telle ou telle espèce ; et l'on verra l'individu hypnotisé régler tous ses actes sur cette conviction intime. On pourra encore, par le même moyen et dans les mêmes conditions, faire croire au sujet qu'il est, à la fois, diverses personnes, et lui faire accomplir des actes divers, soit alternativement, ou en employant de façon différente les deux moitiés de son corps. Le premier de ces deux cas a reçu le nom de *substitution de la personnalité ;* le second, de *dédoublement de la personnalité.*

A un sujet en état de somnambulisme provoqué donnons quatre ou cinq carrés de papier blanc, de grandeur égale ; et disons-lui que ce sont de magnifiques photographies de personnes qu'il connaît ou de célébrités ; recommandons-lui de les conserver avec soin, et de bien les reconnaître, non seulement pendant l'état hypnotique, mais encore en état de veille. Immanquablement le sujet admirera les ressemblances des portraits ; il nous décrira la vivacité du regard, la douceur du sourire, la couleur des cheveux, l'élégance du vêtement; et cela aura lieu, de la même façon, quand le sujet sera réveillé de son sommeil hypnotique. Que si, après avoir imperceptiblement marqué les carrés de papier, à l'insu du sujet, nous les brouillons ou les mélangeons avec d'autres pareils, jamais le sujet ne confondra l'un des portraits avec un autre, ni les carrés de papier qu'on lui a donnés d'abord avec ceux qu'on y a mêlés par la suite. Ce n'est que peu à peu, à la longue, qu'il verra pâlir les images, et que les feuilles blanches redeviendront pour lui ce qu'elles sont en réalité.

Si nous faisons croire à un sujet hypnotisé qu'il a pris part à un crime et qu'il aura à en subir les conséquences, ce sujet, même après son réveil, gardera la conviction d'avoir participé au crime. Et si l'on feint de le traduire devant des juges, il cherchera à se découvrir des excuses, ou bien confessera sa culpabilité, en se résignant à subir les conséquences de l'acte criminel imaginaire qu'il sera convaincu d'avoir commis.

Si, ayant mis en état de somnambulisme un sujet hypnotisable, on lui commande de commettre, à une époque définie après son réveil, un acte même délictueux, ou un acte obscène, un vol, une manifestation subversive, etc., ou bien encore un acte à son propre détriment, comme une donation, un testament, la reconnaissance d'une dette fictive, etc. : au moment prescrit, l'acte imposé sera accompli, avec toutes les apparences d'une spontanéité parfaite, mais sans aucun motif plausible ; tout au plus le sujet tentera-t-il de se justifier par des arguments d'une futilité évidente.

Suggérons à un somnambule hypnotisé de ne plus se souvenir, à un moment donné, des circonstances d'un fait qu'il a vu, ou auquel il a pris part ; suggérons-lui d'avoir, sur une question donnée, des convictions diamétralement opposées à celles qu'il a toujours professées, et de produire, à l'appui de son opinion nouvelle, les meilleurs arguments qu'il pourra concevoir. Pourvu seulement que la suggestion ait été acceptée, nous verrons, au moment voulu, la mémoire du sujet offrir les lacunes désirées ; et son intelligence, en partant des images nouvelles que lui présentera son imagination, se mettra à opérer d'une façon incroyablement différente de celle qui lui était habituelle jusqu'alors.

21. — Je dis : « pourvu que la suggestion ait été acceptée » ; car il arrive le plus souvent que, lorsque la suggestion touche certains points délicats, le sujet, sans en avoir conscience, s'obstine à refuser d'accepter l'ordre qu'on lui impose, en raison de l'horreur instinctive que certaines propositions inspirent à son imagination, pour malade que soit celle-ci. Dans ce cas, la suggestion demeure sans effet, ou bien ne s'exécute qu'en partie.

Si, dans un état de somnambulisme provoqué, la suggestion a pour point de départ un rêve que le patient a eu pendant son sommeil, l'exécution de cette suggestion pourra offrir l'apparence d'une véritable prévision prophétique. Mais, en réalité, il ne s'agit point là d'une vraie prévision : il s'agit simplement de la réalisation, à un moment donné, d'un ordre que le patient s'est imposé à lui-même, en rêve, durant l'état hypnotique. Telle cette jeune fille dont parle Lombroso, et qui, dans ses crises, prévoyait des accès qui devaient avoir lieu quinze jours plus tard, et indiquait les moyens à employer pour les arrêter : en réalité, cette malade n'avait nullement la vision prophétique de l'avenir, mais s'imposait, en rêve, une suggestion, qui se réalisait ensuite à l'époque déterminée.

Les sujets que l'on a très fréquemment soumis à des expériences d'hypnotisation et de suggestion en arrivent souvent à pouvoir subir des suggestions même en état de veille. C'est comme si l'imagination de ces malades n'était plus capable de produire des images pouvant influer sur leur volonté : de sorte que celle-ci serait forcée d'accueillir toutes les images qu'il plairait à autrui de provoquer dans l'imagination. Les suggestions qui réussissent le mieux, dans les cas de ce genre, sont principalement celles qui concernent les illusions des sens. Gilles de la Tourette raconte que, rencontrant un jour, par hasard, une hystérique qui venait d'être très souvent hypnotisée, coup sur coup, il lui dit, par manière d'expérience : « Regardez donc ce monsieur ! il a le nez long d'une coudée ! » La pauvre fille, prenant à la lettre cette affirmation, s'écria, épouvantée : « Quelle horreur ! oh ! le malheureux ! C'est la première fois que je vois chose pareille ! » Et comme ensuite Gilles de la Tourette, satisfait du résultat obtenu, continuait à lui suggérer d'autres folies du même genre : « Par pitié, lui dit l'hystérique, laissez-moi en paix ! je suis trop fatiguée ! On m'hypnotise presque tous les soirs, et je ne sais plus ni ce qu'on me fait, ni ce qu'on me dit. Même réveillée, je crois tout ce que l'on m'affirme, j'exécute tout ce que l'on me commande ; je ne sais plus où j'en suis ; je n'ai plus aucune énergie, aucune volonté ; je sens que je deviens folle ! »

CHAPITRE III

LES FAITS DU SPIRITISME

1. — Pour nous faire une idée précise des phénomènes qui servent de base au spiritisme, figurons-nous que nous assistons à une *séance*, donnée par l'un des *médiums* les plus puissants et les plus estimés d'à présent. Ce médium, qu'il soit de l'un ou de l'autre sexe, a ordinairement une figure agréable, des manières insinuantes, une mise distinguée. Intelligent et cultivé, il ne tarde pas à se conquérir, par ses manières correctes et courtoises, la confiance de ceux qui l'entourent.

Supposons qu'il accueille les visiteurs dans sa maison. L'œil le plus sagace ne parvient pas à découvrir, dans une partie quelconque de cette maison, le moindre signe d'artifices scéniques ou de préparatifs particuliers. Pas de tapisseries suspectes ; des meubles de la simplicité la plus banale. Si, cependant, nous soupçonnons que les parois, les planchers, les plafonds, ou les meubles de l'appartement pourraient dissimuler quelque machination, le médium est tout prêt à nous laisser faire toutes les enquêtes, de même qu'il s'en remet à nous du choix de la chambre, de l'emplacement, des vêtements, de la position, etc.

De préférence, il accomplit ses opérations dans une demi-obscurité ; mais, si on le désire, il est également prêt à procéder en pleine lumière, soit au grand jour, ou avec un éclairage artificiel quelconque.

2. — Le médium fait choisir aux assistants un guéridon, que chacun peut examiner de toutes parts, à loisir ; et il fait placer ce guéridon dans tel endroit de la chambre que l'on préfère. Puis il invite quelques-uns des assistants à poser leurs mains autour du guéridon, de manière que le pouce de la main droite touche le pouce de la main gauche, et que le petit doigt des deux mains touche le petit doigt des mains des deux personnes voisines. Lui-même prend place parmi les autres, complétant avec ses mains la *chaîne* formée ainsi autour de la table.

Un silence de quelques minutes accompagne l'attente du début de l'expérience. Puis la table tremble, se meut, s'incline d'un côté ou de l'autre, se soulève un peu du sol, et finit par retomber pesamment sur ses pieds.

Le médium annonce que les esprits sont présents. On enlève les mains de la table; la chaîne se rompt; les esprits accourus à l'invitation peuvent, désormais, opérer par soi-même. Si, au contraire, la chaîne n'est point rompue, il faudra que les opérateurs et la table restent au service des esprits jusqu'au bout de la séance, comme si personnes et table ne formaient qu'un seul corps.

Mais supposons plutôt la chaîne rompue. Voici que, de divers points de la table mise à la disposition des esprits, l'on entend sortir des bruits de coups secs, violents, répétés et rapides. Puis la table elle-même, sans que personne y touche, s'agite, se démène, s'élève du sol, et tourne sur son axe, tantôt lentement, tantôt avec une rapidité vertigineuse, tantôt à droite, pendant quelques minutes, et tantôt, pendant quelques minutes, à gauche; ou bien elle se transporte d'un endroit à l'autre de la chambre, en se dandinant sur l'un ou l'autre de ses pieds. Après quoi, tout d'un coup, sans le secours de personne, elle revient à sa place et s'arrête, comme fatiguée d'un grand travail accompli.

Cependant d'autres meubles, dans la chambre, entrent aussi en mouvement. Les tabourets se mettent à sauter sous les personnes qui y sont assises ; les canapés se redressent gravement sur leurs pieds de devant, et font mine de s'incliner devant les dames de l'assistance ; les fauteuils gambadent d'une place à l'autre, se penchent d'un côté sur l'autre, ou bien restent immobiles sur un seul pied, obliquement, sans tomber, à l'encontre de toutes les lois de l'équilibre. Les porcelaines, les cristaux, les candélabres des cheminées, les petites tables, commencent une pantomime bizarre : se mouvant, se heurtant, s'entremêlant avec un fracas extraordinaire, sans jamais se briser ni se faire aucun dommage. Et lorsque les meubles sur lesquels ces objets se trouvent penchent fortement d'un côté, ou se renversent dans le vide, ces objets restent fixés à leur place, comme s'ils y étaient cloués. Une pendule abandonne son poste pour aller tomber sur les genoux d'une dame épouvantée ; un vase de bronze se meut, en tous sens, sans endommager les verres ni la vaisselle de la table qu'il surmonte, et se met à courir, à travers la chambre, vers une personne déterminée, qu'il semble avoir prise pour point de mire. Les meubles les plus pesants de la chambre, les armoires et les commodes, s'ébranlent et se déplacent, se soulèvent en l'air, ou bien, parfois, montent jusqu'au plafond et y restent fixés pendant un quart d'heure.

Parmi les prodiges spirites opérés par les fakirs indiens, l'un des plus communs est celui du *vase animé*. Un vase rempli d'eau est mis sur une table, en plein jour, en présence de tous ; puis, sur un signe du fakir, le vase se meut spontanément sur la table, oscille, se penche de divers côtés, et enfin se soulève à une certaine hauteur, sans qu'une seule goutte du liquide se trouve répandue.

Mais revenons à notre séance. De temps en temps, pendant que les meubles sont en mouvement, on entend sortir d'eux des coups de poing, ou de pied, ou encore de marteau. Les portes de la chambre s'ouvrent et se ferment sans l'aide de personne ; les verrous se tirent;

les clefs tournent dans les serrures. Les armoires et commodes, avec quelque soin qu'on les ait fermées à double tour, se trouvent brusquement ouvertes, sans la moindre trace d'effraction. Les objets qui y étaient contenus sortent de leur place ou reviennent l'occuper; et parfois aussi, ces objets passent d'un meuble à l'autre, fermés à clefs l'un et l'autre, sans que l'on puisse dire par où ils ont pu sortir et entrer. Les valises, de leur côté, remuent, se renversent, se vident, se remplissent, se remettent en ordre et se referment.

3. — C'est encore des fakirs indiens que vient une autre opération spirite, appelée la *danse des feuilles*. Le fakir, quand on l'invite dans une maison, se présente complètement nu, ou bien à peine couvert d'un morceau d'étoffe sur la partie inférieure du ventre. Il tient à la main son bâton de bambou. Après les salutations d'usage, il prend une pose inspirée, et marmonne des paroles magiques incompréhensibles. Puis il enfile, par le milieu, un certain nombre de feuilles de figuier, ou d'une autre plante, sur des bâtonnets de bambou, plantés en terre, verticalement, dans des vases à fleurs.

Si l'on veut, le fakir ne touche à aucun de ces accessoires. Lorsque tout est prêt, il s'assied sur le sol, les mains étendues devant lui, et à une distance suffisante des objets préparés pour qu'un adulte puisse facilement passer entre ces objets et lui. Bientôt les spectateurs sentent une sorte de brise qui leur caresse le visage, et voient les feuilles grimper et sauter, plus ou moins vite, le long des bâtons qui les traversent. Tout cela se produit sans aucun contact visible entre l'opérateur et les objets qui servent à l'opération.

4. — Revenons, une fois de plus, à notre médium. Pendant que s'accomplissent les prodiges que nous avons décrits, certains objets de la chambre perdent une grande partie de leur poids; de telle façon que, si même ils sont énormes et surchargés d'autres objets, un enfant peut les transporter d'un endroit à l'autre comme s'ils étaient en plumes. D'autres objets, au contraire, même extrêmement petits, acquièrent un poids immense, de façon que deux ou trois hommes robustes peuvent à peine les soulever de quelques centimètres. Ces changements de poids ne sont que temporaires et ne durent

qu'autant qu'il plaît aux êtres mystérieux qui les produisent.

D'autres objets changent instantanément de température, toujours sans aucune cause apparente; de froids ils deviennent brûlants, ou, de chauds, glacés.

5. — Pour rendre le spectacle plus varié, les esprits, souvent, nous régalent de musique. S'il y a dans la chambre un instrument musical, nous l'entendons jouer sans que personne y touche. Si l'instrument est un piano ou un harmonium, tout au plus voyons-nous les touches s'abaisser spontanément, en correspondance avec les notes musicales que nous entendons, sans qu'apparaisse jamais la force qui les meut. Et s'il n'y a point d'instrument dans la chambre, ni dans la maison, ni dans tout le quartier, cela n'empêche point la musique de se produire. Des instruments invisibles nous la font entendre, proche ou lointaine, sérieuse ou frivole, gaie ou triste, classique ou « de l'avenir », au gré du médium. Cette musique retentit dans l'air, ou bien jaillit d'un mur, du plafond, du plancher, ou bien du corps d'une statue de marbre, ou de l'intérieur d'un coffre, qui, si nous l'ouvrons

pendant l'exécution de la musique, se trouvera doué du don d'harmonie, mais avec cela, absolument vide.

Dans l'accomplissement de ce dernier prodige spirite, les fakirs indiens, au dire des voyageurs, n'ont point de rivaux.

6. — Mais, tout à coup, la musique cesse. Dans une rumeur assourdissante, les murs de la chambre, le plancher, sont secoués comme par un tremblement de terre ; un vent impétueux envahit la chambre, pendant qu'au dehors l'air est parfaitement calme. Les lumières s'éteignent, et tout est plongé dans l'obscurité la plus profonde.

Ce phénomène, pourtant, est de courte durée. Bientôt de petites flammes, d'étranges cercles et langues de lumière, diversement colorés, parcourent la chambre dans tous les sens, pour laisser place enfin à une lumière homogène, tantôt vive et aveuglante, tantôt douce et tamisée, tantôt continue et tantôt intermittente, une lumière qui semble naître de soi-même, sans aucun appareil générateur.

7. — Soudain, à la surprise extrême des assistants, la personne du médium paraît démesuré-

ment agrandie, ou bien démesurément rapetissée, et toujours sans aucune dissonance dans les proportions. Ce changement de taille persiste jusqu'à ce que tous les assistants aient pu le constater, en touchant ou en mesurant. Après quoi le médium, revenu à sa taille ordinaire, s'assied sur une chaise ou sur une table; et bientôt nous le voyons se soulever lentement en l'air, et toucher, de sa tête le plafond de la chambre. Une auréole lumineuse entoure sa tête, ou toute sa personne. Ainsi il reste en équilibre, dans l'air, pendant huit ou dix minutes; puis, lentement, ou violemment, le meuble qui le soutient l'emporte vers une des fenêtres de la chambre. La fenêtre s'ouvre spontanément à son approche; le médium la dépasse, se transporte au dehors, et rentre ensuite, à la vue de tous, par une autre fenêtre, qui s'est pareillement ouverte pour le laisser rentrer. Le fait se renouvelle plusieurs fois, avec diverses modifications de détail.

8. — Pendant que le spectateur ébahi contemple ces prodiges, les lumières se rallument spontanément, comme elles s'étaient éteintes, et chacun sent un souffle, froid ou chaud, lui

passer sur le corps. Une sorte de petit vent entre par les fentes des vêtements ; il gonfle tantôt les manches, tantôt les poches, ou les jambes des pantalons, comme s'il voulait envahir la personne entière. Cependant des mains invisibles surgissent, s'agitent, soulèvent avec insistance les vêtements des assistants ; à l'un elles prennent sa montre, à l'autre son mouchoir ; et ces divers objets se retrouvent ensuite dans les poches d'autres spectateurs, à l'extrémité opposée de la chambre. En même temps, d'autres mains invisibles serrent les mains des personnes présentes, leur palpent les bras, les épaules, les cuisses, les genoux ; à l'un elles font une caresse, à l'autre elles tirent la barbe ou les cheveux ; elles jettent à terre le chapeau de l'un, salissent le visage et les mains de l'autre avec des matières colorantes. Des bouches invisibles distribuent des baisers, qui laissent leur empreinte à l'endroit touché ; et la sensation de ces baisers est tantôt agréable, tantôt infecte et répugnante.

Pour certaines personnes, les acteurs mystérieux de ces merveilles montrent une sympathie spéciale : ces personnes voient tout à coup tomber, sur leurs genoux, des bouquets de fleurs, des boîtes de bonbons, ou d'autres cadeaux divers, de provenance inconnue. Des dames qui avaient commencé un ouvrage délicat le trouvent, tout à coup, entièrement fini.

9. — Les assistants demandent au médium de mettre un terme à cette comédie, et d'essayer plutôt d'engager une conversation avec les esprits. Le médium est trop courtois pour ne pas se rendre à ce désir. Sur sa prière, le tumulte cesse ; et un guéridon, désigné par l'assistance, devient l'instrument de communication entre les personnes vivantes et la troupe des esprits accourus à la réunion.

Le médium invite l'esprit avec qui l'on veut causer à vouloir bien animer la table choisie. Et l'esprit semble obéir : car la table s'agite, comme si elle devenait vivante. On convient que l'esprit répondra aux questions par de petits coups secs qui, d'après leur nombre, signifieront des affirmations ou des négations, ou bien correspondront aux diverses lettres de l'alphapet. Ainsi la conversation s'engage et se poursuit, fournissant des réponses appropriées aux questions même les plus étranges et les plus ardues.

Et l'on peut, de cette manière, arriver à connaître des choses cachées, des faits lointains, des événements mystérieux ; on peut se mettre sur la trace de personnes disparues, d'objets dérobés ; on peut obtenir un diagnostic exact de maladies internes et inexplorables ; on peut même se faire indiquer des remèdes pour ces maladies.

Les fakirs indiens passent pour pouvoir opérer, au moyen des esprits, l'expérience de la divination. Un Européen mande chez lui le fakir du temple voisin ; et, ayant pensé à une phrase d'un écrivain aimé, à un vers d'Homère ou de Virgile, à un proverbe dans le dialecte de son pays natal, il invite le fakir à le reproduire par écrit. Le fakir répand du sable fin, en mince couche uniforme, sur une table ou une autre surface lisse, et pose, sur le sable, une petite baguette de bambou. Puis, tout nu, comme à son ordinaire, il s'asseoit et reste immobile, le corps penché en avant, les mains tendues vers le sable. Après quelques minutes d'attente, l'Européen émerveillé voit la baguette se dresser sur l'une de ses pointes, se mouvoir, et courir spontanément sur le sable ; et, lorsqu'enfin elle s'arrête, chacun peut lire, sur le sable, la phrase, le vers, le proverbe, que l'Européen a secrètement pensé.

Si maintenant il se trouve que le médium à qui nous avons affaire appartienne à la catégorie des *médiums parlants*, c'est par sa bouche que les esprits vont nous parler des sujets les plus compliqués, parfois dans les langues les plus difficiles, anciennes ou modernes, dans des langues que le médium, certainement, ne connaît pas. Que si le médium est de l'espèce des *voyants*, les esprits qu'il évoque nous feront voir, à l'aide des visions qu'ils présenteront à ses yeux, des faits qui ont eu lieu à des époques reculées, des faits qui s'accomplissent dans le même moment, à des centaines et des milliers de lieues de distance ; et le contrôle le plus strict nous prouvera ensuite que ces faits se seront passés exactement de la manière décrite par le médium.

10. — Peut-être quelqu'un des assistants voudra-t-il avoir par écrit les réponses des esprits aux demandes adressées ? Rien de plus facile que de satisfaire à ce désir. Le médium, ou encore l'une des personnes présentes, prendra une

plume ou un crayon, et posera sa main sur une feuille de papier, comme pour écrire : bientôt les spectateurs verront sa main s'agiter convulsivement, et puis écrire, écrire, écrire, avec une rapidité vertigineuse; et les mots écrits de cette façon se trouveront être des réponses appropriées aux questions faites, ou bien des dissertations plus ou moins étendues, se rapportant, suivant l'ordre, aux divers arguments proposés. Parfois le médium, ou la personne autorisée par lui à écrire, sera, notoirement, un illettré : n'importe, l'illettré écrira, si même il n'a jamais appris à écrire. On verra aussi le médium ou son remplaçant capable d'écrire très correctement dans des langues qui lui seront inconnues, sur des sujets dont il ignorera jusqu'aux moindres éléments ; on le verra capable d'écrire en plusieurs caractères graphiques très différents, selon que les réponses lui seront dictées par des écrits différents. Et si les esprits évoqués prétendent être ceux de personnes défuntes que l'on a connues, on aura l'extrême surprise de découvrir que l'écriture obtenue de cette façon reproduit, incontestablement, l'écriture de ces personnes.

Que si, cependant, l'on craint que ce mode de correspondance ne repose sur quelque imposture, on pourra inviter l'esprit à écrire lui-même, directement, ses réponses : et l'esprit se rendra encore à ce nouveau désir. Un crayon, attaché à un fil, dans une corbeille au fond de laquelle sera étendue une feuille de papier, ou bien lié par un fil à une table, se mettra à l'œuvre sans l'aide de personne, et écrira les réponses demandées, en des caractères différents, selon les divers esprits que l'on aura interrogés.

Et si le crayon ou la plume manquent, cela même n'embarrassera pas les esprits : sans crayon, sans plume, sans encrier, ils n'en écriront pas moins leurs réponses.

Pour rendre plus authentique la provenance surnaturelle des écritures, on entoure parfois de précautions spéciales la production de ces écritures. On enferme une feuille de papier blanc dans le tiroir d'un secrétaire, au choix des assistants; ou bien l'on place cette feuille entre deux plaques d'ardoise ou de marbre blanc, ou encore entre deux vitres ; et, aussitôt, à la vue de tous, la feuille se remplit d'une écriture fournissant les réponses demandées. On ne voit ni la main, ni le crayon ou la plume, qui servent à écrire ces réponses, dans ces conditions extraordinaires. Et nous devons ajouter que ces réponses, si l'on veut, peuvent se faire en hébreu, en arabe, en n'importe quelle langue inconnue des assistants.

Avec ceux qui cultivent religieusement le spiritisme, les esprits se permettent volontiers des libertés singulières. Un spirite est en train d'écrire une lettre familière à un ami, au sujet de ses affaires privées ; au milieu de la lettre, la main se refuse à écrire ce que lui dicte la pensée et, par contre, se met à écrire rapidement une suite de mots, d'abord plus ou moins incohérents, puis prenant un sens, mais très différent de celui qui répondrait aux idées de l'écrivain. Or, dans un autre endroit, un autre spirite, écrivant une autre lettre également privée, voit se produire le même phénomène. Et quand, ensuite, on confronte les deux écrits involontaires, on découvre que ceux-ci se complètent réciproquement, constituant une lettre ou un discours parfaitement suivi. Ou bien voici qu'un spirite, ayant commencé à écrire une lettre intime, quitte sa table pendant quelques secondes, pour consulter un livre, pour vérifier une date, pour rechercher une note : en revenant à sa place, voici qu'il trouve sa lettre terminée, ou bien en des caractères pareils aux siens, ou bien en des caractères tout différents ; et tantôt cette fin de la lettre répond à la suite de ses idées, tantôt il y trouve écrites des choses qui en diffèrent absolument, par exemple des plaisanteries plus ou moins grossières. Et, quelques jours après, le spirite reçoit, par la poste, une lettre régulièrement timbrée, écrite de la même encre, dans les mêmes caractères, et indiquant le nom de la personne défunte qui a écrit la fin de la lettre, comme aussi l'endroit où l'on pourra trouver des documents, écrits par cette personne durant sa vie, et qui permettront de vérifier l'authenticité de l'écriture.

11. — Après cette conversation écrite, souvent les assistants demandent à entendre la voix de ceux avec qui ils viennent de s'entretenir de cette façon. Et les voix ne tardent pas à se faire entendre, jaillissant ou des murs, ou du plafond, ou du plancher, ou de tel ou tel meuble, ou encore du milieu du vide, dans la chambre. Ces voix tantôt parlent sur le ton familier, tan-

tôt déclament sur le mode oratoire, tantôt chantent des mélodies de toute espèce. Ou bien encore les esprits s'amusent à contrefaire la voix et l'accent de l'une des personnes présentes, ou à paraphraser, en parodies sacrilèges, les prières que l'un des assistants aura récitées.

Parfois aussi, au milieu d'une conversation sérieuse avec les esprits, il arrive tout à coup que les réponses deviennent incohérentes, absurdes, obscènes, contradictoires, mensongères, impertinentes. Suivant les médiums, ce fait, très fréquent, résulte de ce que d'autres esprits se mêlent à ceux que l'on a évoqués ; ou bien de ce qu'un esprit mystificateur a assumé le rôle de ceux avec qui on voulait causer; ou encore de ce que l'esprit invoqué s'est offensé de telle question qu'on lui a faite ; ou enfin de quelque autre motif analogue.

12. — Pour mettre le comble à la surprise de ceux qui assistent à une séance de spiritisme, il ne reste plus qu'un seul prodige à réaliser : le prodige de faire voir les esprits, de les faire toucher, d'obtenir, en un mot, leur *matérialisation*.

La matérialisation des esprits, — qui, sous

quelques-unes de ses formes, s'appelle aussi la *réincarnation*, — est jusqu'ici le dernier des phénomènes que les médiums soient parvenus à produire. Ce phénomène, d'ailleurs, n'est pas toujours complet, c'est-à-dire que, souvent, une partie seulement de la figure est « matérialisée »; et souvent aussi ce phénomène se produit sans la demande du médium, ou même contre son désir et contre celui des spectateurs.

Au milieu d'une séance, brusquement et hors de tout propos, on voit apparaître en l'air, sur les tables, sur les sièges, parmi les meubles, des tronçons de bras, de mains, de jambes, de pieds, minuscules ou énormes, délicats ou grossiers, potelés ou décharnés, blancs ou sombres, lisses ou rugueux et velus. Ces tronçons de membres sont doués de vie, de mouvement, ont une force prodigieuse. Au toucher, tantôt ils sont froids comme un cadavre, tantôt tièdes et palpitants, comme le corps d'une personne saine; tantôt brûlants, comme sous une fièvre très violente. Et souvent, lorsqu'on veut éprouver la vigueur de ces mains mystérieuses, on en reçoit une étreinte tenace et pénible, qui, pendant de longs jours, laisse une trace impossible à détruire.

Dans une des expériences de Crookes, une de ces mains, en plein jour, sous les yeux de quelques témoins intelligents et défiants, a cueilli une fleur à longue tige, et l'a fait passer, lentement, à travers une fente presque imperceptible d'une grosse table de chêne, sans que l'on ait pu découvrir, ni à l'œil nu ni au microscope, la moindre lacération sur la tige ni sur les pétales de la fleur, tige et pétales dont les dimensions étaient au moins dix ou douze fois supérieures à celles de la fente de la table par où la main les a fait passer.

D'autres fois, dans les séances spirites, la matérialisation se produit sous la forme complète, à la demande des assistants. L'esprit invoqué se présente à nous avec une apparence vaporeuse et diaphane, avec des contours vagues et embrumés, ou bien avec une figure très nette, et pouvant être touchée. L'aspect, l'expression du visage, le vêtement, sont ceux que l'histoire, la tradition, l'opinion commune, ou le souvenir, attribuent à la figure de l'esprit matérialisé, pendant qu'il était encore une personne vivante. Parfois l'esprit ainsi matérialisé a une physionomie douce et bonne, parfois on lui voit la tête ceinte d'une auréole lumineuse, et des ailes aux épaules ; d'autres fois, au contraire, il est d'un aspect féroce, sauvage, brutal.

Le plus souvent, les esprits matérialisés sont vêtus de longs manteaux, et gardent une apparence qui les distingue des personnes vivantes ; mais, d'autres fois, toutes les parties de leur figure ont une précision de contours qui les rend tout à fait pareils aux vivants ; et, au lieu de se mouvoir d'une façon comme mécanique, ils se meuvent absolument à la façon d'êtres humains en pleine vie.

Lorsqu'ils prennent ainsi une matérialisation complète et définie, ils se laissent toucher, caresser, embrasser ; ils consentent à ce qu'on leur serre la main, que l'on sent être chaude et vivante ; ils chantent à voix haute ; ils s'asseoient devant un bureau, et répondent par écrit à qui les interroge ; ils permettent qu'on leur coupe des mèches de cheveux ou des morceaux de leur vêtement ; et les spectateurs peuvent conserver ces reliques quand les esprits ont disparu. Parfois même ces esprits poussent la complaisance jusqu'à se laisser photographier, soit à la lumière naturelle, ou à celle du magnésium, ou même, si l'on veut, dans l'obscurité.

Il est rare que le fantôme se présente complet et tout formé au milieu de l'assemblée : le plus souvent, il se développe et se complète sous les yeux des spectateurs.

Au milieu du cercle de l'assistance, en tel point de la chambre que celle-ci préfère, on voit apparaître d'abord un petit nuage lumineux : puis, au centre du nuage, peu à peu se forme un noyau opaque, qui, très vite, devient de plus en plus consistant. Dans ce noyau ainsi solidifié se dessinent, insensiblement, la tête, le cou, la poitrine, les bras, et tout le reste de la figure. Les contours, d'abord vaporeux, se précisent de plus en plus, jusqu'à ce qu'enfin on ait devant soi, simplement, une personne semblable aux autres, qui se mêle aux spectateurs et s'entretient avec eux ; et puis, quand il lui plaît, l'étrange visiteur disparaît de la chambre. Cette disparition, elle aussi, peut s'effectuer de diverses façons : tantôt le fantôme se résout dans le nuage d'où il est sorti ; tantôt il s'évanouit brusquement, sans que l'on puisse dire de quelle façon ; tantôt il rentre dans le plancher, pendant que l'un des assistants le tient encore par la main.

13. — Parmi les matérialisations complètes et tangibles les plus fameuses, nous devons signaler particulièrement celle que rapporte le célèbre savant anglais Crookes. Pendant deux ou trois années consécutives, avec l'aide d'un médium très puissant, miss Cook, Crookes a vu apparaître, tous les jours, une charmante jeune fille, douce et familière, qui se disait Indienne, s'habillait toujours de blanc, et avait la tête coiffée d'un turban. Elle aussi, elle sortait d'un petit nuage qui, d'abord, se produisait au milieu de la chambre destinée aux expériences. Dans ce nuage se développaient, peu à peu, des lignes et des formes qui se condensaient, s'animaient, se coloraient ; et bientôt on voyait le visage sourire, les yeux étinceler, la poitrine respirer, le cœur palpiter. Pour bien s'assurer que cette étrange personne était différente du médium qui l'évoquait, Crookes a mesuré la différence des deux tailles, de l'ondulation des deux chevelures et de leur couleur, de la forme et de la grosseur des mains, chez l'esprit et le médium, de la couleur des chairs, etc. ; il a noté, en outre, sur le cou du médium, la présence d'une cicatrice dont aucune trace n'apparaissait sur le cou du fantôme,

Pour s'assurer de la réalité de l'apparition, Crookes l'a plusieurs fois photographiée ; il l'a auscultée, il a compté sa respiration et les battements de son cœur, il a pris sa température sur un thermomètre. Il a pu aussi, avec le consentement du fantôme, embrasser celui-ci, et s'assurer que son corps était bien vivant, en chair et en os. Dans la journée, l'apparition causait à loisir avec Mme Crookes, s'entretenait familièrement avec les domestiques, se balançait avec les enfants de la maison. Interrogée, elle affirmait sentir tous les besoins et tous les désirs d'une personne vivante. Mais, à l'approche du soir, ou parfois aussi dans le jour, la mystérieuse jeune fille disparaissait brusquement, sans que l'on pût dire comment et par où elle s'en était allée. Puis, un jour, elle déclara à Crookes et à sa famille que sa mission près d'eux était achevée. Et, tandis que Crookes s'occupait à réconforter le médium, qui, en apprenant cette triste nouvelle, s'était évanoui, la jeune Indienne disparut, pour la dernière fois ; et jamais plus Crookes ne l'a revue, ni n'a eu de ses nouvelles.

14. — Dans les derniers mois de l'année 1905, plusieurs journaux italiens, et parmi les plus

sérieux, ont fait allusion à une série nouvelle de phénomènes merveilleux qui semblent bien relever du sujet que nous étudions. Ces phénomènes ne peuvent pas être niés purement et simplement : car leur réalité nous est confirmée par les attestations formelles de M⁹ʳ Pasquale Berardi, évêque de Ruvo et Bitonto, de M⁹ʳ J. Vaccaro, archevêque de Bari, de l'archidiacre Vallarelli de Terlizzi, du questeur et d'un délégué de Bari, MM. Carmarino et Mellusi, du pasteur vaudois Vito Garretti, du Dʳ Raphaël Cotugno, médecin à Ruvo, d'un rédacteur du *Courrier des Pouilles*, d'autres témoins honorables minutieusement interrogés par ce rédacteur, et d'un certain nombre d'autres témoins encore qui nous ont fourni, sur les faits en question, des renseignements particuliers, et d'une bonne foi évidente[1].

Nous allons rapporter ici quelques-uns de ces faits étranges, ne fût-ce qu'à titre de chronique. Ces faits concernent les enfants de la famille Pansini, et se sont produits jusqu'en l'année 1901.

---

[1] *Giornale d'Italia*, Rome, 16, 24 et 26 novembre 1905 ; *Corriere delle Puglie*, Bari, 10, 15, 21, 25 novembre et 1ᵉʳ décembre 1905.

Un soir, le petit Alfred, alors âgé d'environ sept ans, et qui venait d'assister à une séance spirite, fut pris d'un assoupissement imprévu, que l'on vit ensuite se reproduire plusieurs fois. Pendant quelques-uns de ces accès, l'enfant parlait d'une voix inaccoutumée, comme un véritable orateur, et cela, parfois, dans des langues qu'il ignorait absolument, en grec, en latin, en français ; ou bien il récitait, sans une seule erreur, des chants entiers de la *Divine Comédie*.

Un autre soir, pendant un de ses accès, Alfred prédit que, bientôt, il se régalerait d'un bon souper. Et le fait est que, lorsque le couvert fut mis pour toute la famille, on découvrit dans un plat plus d'un demi-kilo de charcuterie de premier choix ; et la mère de l'enfant trouva encore, dans le lit de celui-ci, une provision de gâteaux et de friandises.

Placé, sur le conseil de Mgr Berardi, au petit-séminaire de Bitonto, l'enfant y passa quelques années parfaitement tranquilles. Mais, même alors, il ne laissa point de présenter des phénomènes singuliers. Lorsque quelqu'un le regardait, en se formulant dans l'esprit une question, le petit Alfred, aussitôt, écrivait une réponse à cette question.

Un jour, ayant été invité à une séance spirite où assistaient trois de ses professeurs, le jeune garçon consentit à s'y rendre, mais à contre-cœur. On mit sur la table un triangle de carton, pour désigner les lettres de l'alphabet. La séance commença ; et voici, exactement rapporté, le dialogue qui se produisit :

— Voulez-vous répondre ? demanda-t-on à l'esprit invoqué.

— Oui, mais il faut que j'aie un triangle en bois !

— Nous n'en n'avons pas !

— Si ! j'en ai déjà fabriqué un, que vous trouverez dans la cuisine !

Et, en effet, dans une casserole, on découvrit un triangle de bois, fait avec une précision extraordinaire ; aux angles, les clous avaient été nettement coupés par le milieu.

Vers l'âge de dix ans, Alfred quitta le pensionnat, pour revenir dans sa famille : et alors eurent lieu de nouveaux phénomènes, dont les sujets furent cet enfant lui-même et son petit frère Paul, âgé de huit ans.

Les deux enfants se trouvaient, un jour, à Ruvo, à neuf heures du matin : à neuf heures et demie, sans savoir comment ni pourquoi, ils se trouvèrent à Molfetta, devant le couvent des Capucins.

Un autre jour, vers midi et demi, la famille des Pansini se préparait à dîner ; et l'on envoya le petit Paul acheter du vin. L'enfant fit attendre son retour une bonne demi-heure ; puis, au bout de ce temps, son frère Alfred disparut aussi, instantanément. A une heure de l'après-midi, les deux enfants se trouvèrent en mer, sur une barque, près de Barletta, se dirigeant vers Trinitapoli. Épouvantés, ils se mirent à pleurer, à tel point que le patron de la barque, qui disait avoir été payé par un inconnu pour les emmener, retourna les voiles et les ramena à terre. Un ouvrier, qui les rencontra au débarquement, consentit à les reconduire jusqu'à Ruvo, où ils arrivèrent, ce même jour, vers trois heures et demie.

Les jours suivants, et toujours de la même façon instantanée et inexplicable, les deux enfants ont été transportés tour à tour à Bisceglie, à Giosvinazzo, à Mariotta, à Terlizzi ; ils ont été ramené-

à Ruvo, de ces divers endroits, soit par des amis de leur famille ou sur l'ordre des autorités locales.

Un jour, à une heure trente-cinq de l'après-midi, les deux enfants étaient sur la place de Ruvo ; à une heure trois quarts, dix minutes après, ils étaient à Trani, devant la porte de la maison d'un de leurs oncles, M. Jérôme Maggiore. Alfred se trouvait en état d'hypnose. Interrogé, il répondit parfaitement à toute sorte de questions difficiles, en présence de nombreux témoins.

Entre autres choses, il annonça qu'il ne pourrait point repartir pour Ruvo le lendemain, comme on l'avait projeté, mais seulement au bout de quinze jours. Le lendemain, le cheval des Maggiore se trouva malade : et la tante des enfants loua un autre cheval pour ramener ses neveux à Ruvo. Mais les enfants, à peine restitués à leurs parents, disparurent de nouveau, et, de nouveau, quelques minutes après, se montrèrent à Trani. Ramenés à Ruvo, ils disparurent une troisième fois, et, cette fois, furent transportés à Bisceglie. Là, les autorités, renonçant à lutter contre des forces supérieures, les conduisirent à Trani, où on les garda jusqu'à l'expiration des quinze jours fixés.

Préoccupée de ces faits, la mère des deux enfants se rendit avec eux chez Mgr Berardi, en le priant de faire rentrer Alfred au petit séminaire. Pendant que l'évêque et la mère causaient, toutes portes fermées, les deux enfants disparurent, une fois de plus, instantanément.

La plus grande partie de ces phénomènes singuliers nous a été confirmée, comme nous l'avons dit, par de nombreux témoins; et Mgr Berardi a bien voulu m'en envoyer une relation complète, écrite par Alfred Pansini lui-même.

Avons-nous besoin d'ajouter que, dans le cas de ces deux frères, le fait le plus surprenant et le plus inexplicable est la translation instantanée, ou du moins très rapide, du corps des deux enfants à des distances de plusieurs kilomètres?

15. — Très voisins des manifestations spirites, sans toutefois se confondre avec elles, sont les phénomènes singuliers que l'on est convenu aujourd'hui de désigner sous le nom de *télépathie*. Ce sont des apparitions spontanées ou bien de morts, ou de personnes vivantes, mais éloignées,

qui, de cette façon, font connaître à certains individus les circonstances plus ou moins douloureuses où elles se trouvent ; ou bien encore ce sont des visions qu'ont certaines personnes d'événements qui se passent dans des lieux très distants du lieu où elles se trouvent[1].

Un des plus anciens exemples classiques de télépathie nous est fourni par une inscription antique, récemment découverte, et reproduisant une lettre du philosophe Épicure (341-229 av. J.-C.). La mère de ce philosophe avait eu des visions de personnes absentes, et en avait reçu la prédiction de faits qui, ensuite, s'étaient réellement produits ; elle avait été très troublée de ces prodiges ; et son fils, dans sa lettre, s'efforçait de la tranquilliser[2].

Non moins connu est le cas rapporté par Cicéron. Deux amis, s'étant rendus à Mégare, vont se loger dans des maisons différentes. L'un d'eux, en rêve, voit son ami, qui le prie d'accourir à son aide contre des assassins. Le dormeur se

---

[1] On trouvera exposés de nombreux cas de télépathie dans les ouvrages de l'Anglais F. Myers, et dans l'*Urania* de M. Flammarion.

[2] J. Geffken, *Preuss. Iahrbuch*. Décembre 1905.

réveille, n'attache point d'importance à son rêve, et se rendort. Mais le rêve se répète une seconde fois, puis une troisième. Enfin le dormeur voit son ami lui apparaître, les vêtements déchirés et la poitrine ensanglantée, lui reprochant de n'être point venu à son secours, malgré ses instantes prières. Et l'apparition ajoute : « Demain, au point du jour, mon cadavre sera porté hors de la ville, dans un tombereau d'immondices. Je te demande de vérifier ce que je te dis, de faire punir mes assassins, et de me rendre les honneurs funèbres. » Frappé de la répétition du rêve, l'ami s'émeut enfin de l'apparition. Il se lève à l'aube du jour, se rend à la porte de la ville, et, bientôt, y voit arriver un tombereau d'immondices. Il fait arrêter le conducteur, qui, dès les premières questions, pâlit et se montre tout confus ; et, parmi les matières qui remplissent le tombereau, on découvre le cadavre du voyageur assassiné[1].

Le fameux Apollonius de Tyane (mort en 96 ap. J.-C.), étant à Alexandrie, vit l'empereur Domitien tomber assassiné dans son palais à

---

[1] Cicéron, *De divinat.* I, 27.

Rome, et annonça cette mort aux personnes avec qui il était en train de s'entretenir. Plusieurs jours après, la nouvelle de l'assassinat de Domitien arriva à Alexandrie, et tous les détails donnés par Apollonius furent exactement confirmés[1].

Deux exemples remarquables de télépathie ont été racontés par Pétrarque, dans une lettre à Giovanni d'Andrea de Bologne, datée du 27 décembre 1343. Le poëte déclare que les faits qu'il rapporte « ont eu des témoins qui vivent encore [2] ».

Agrippa d'Aubigné rapporte le fait suivant[3]. Le 23 décembre 1574, pendant le séjour du roi et de la Cour à Avignon, le cardinal de Lorraine mourut dans cette ville. Dans la soirée du même jour, la reine Catherine de Médicis était au lit, et s'entretenait avec un certain nombre de dames et de cavaliers. Au moment où elle allait congédier sa compagnie, tout à coup elle se rejeta sur l'oreiller, étendit ses mains devant son visage, et, en appelant au secours, indiqua aux

---

[1] Guerrazzi, *Prolegomeni all' Assedio di Roma.*
[2] Pétrarque, *Lettres*, livre V, lettre VIII.
[3] *Histoire universelle,* Paris, 1616.

assistants le cardinal qui, debout au pied du lit, lui tendait les mains. L'apparition dura quelques secondes. Le roi envoya un de ses gentilshommes à la demeure du cardinal; et le messager revint avec la nouvelle que le cardinal venait de mourir.

Emmanuel Kant raconte, à la suite d'une enquête très minutieuse et sérieuse qu'il a faite sur le sujet, un épisode singulier de la vie de Swedenborg, le grand précurseur scandinave du spiritisme. Le 10 juillet 1759, Swedenborg[1], alors âgé de soixante-douze ans, revenait d'un voyage en Angleterre, et était débarqué à Gothenbourg, à 200 kilomètres de Stockholm, où il demeurait. Il s'était logé chez un ami, dans la maison duquel se trouvait réunie une société nombreuse et choisie. Le soir de son arrivée, vers six heures, Swedenborg, qui était sorti de la maison, rentra, tout pâle et consterné, en disant que, à cette même minute, un incendie venait de se produire à Stockholm, dans la rue qu'il habitait, et que le feu s'étendait, avec une violence extrême, vers sa maison. Puis il sortit

---

[1] Kant, *Lettre* à Charlotte Knobloch, du 10 août 1768.

encore ; et bientôt, étant revenu, il dit avec chagrin que la maison d'un de ses amis avait été réduite en cendres, et que sa propre maison était fort en danger. Vers huit heures, après être sorti une troisième fois, il rentra et dit, d'un ton plus joyeux : « Grâce à Dieu, l'incendie s'est éteint à la troisième maison avant la mienne ! » La nouvelle ainsi annoncée se répandit à travers toute la ville, et y produisit d'autant plus d'émotion que le gouverneur lui-même de Gothenbourg avait entendu le récit de Swedenborg, et que nombre d'autres personnes s'inquiétaient pour des amis qu'elles avaient à Stockholm. Deux jours après, un courrier royal apporta de Stockholm la relation de l'incendie, qui se trouva entièrement conforme à la description faite, l'avant-veille, par Swedenborg. L'incendie avait été éteint à huit heures du soir.

Non moins surprenant est le fait suivant, que nous raconte Gougenot de Mousseaux, dans son livre sur les *Grands Phénomènes de la Magie* (Paris 1864) :

Robert Bruce, commandant en second d'un vaisseau qui naviguait près du Banc de Terre-Neuve, se trouvait, un jour, dans sa cabine, lorsqu'il vit tout à coup un étranger assis à la place où s'asseyait d'ordinaire le capitaine, et en train d'écrire. Surpris, Bruce sortit de la cabine pour avertir son chef; mais lorsque, n'ayant point rencontré le capitaine, il rentra dans la cabine, il n'y vit plus personne. Seulement, sur l'ardoise qui servait aux calculs nautiques du capitaine, il lut, tracés d'une main inconnue, ces mots : « Manœuvrez à Nord-Ouest ! » Piqués de curiosité, les officiers du vaisseau obéirent à cet ordre mystérieux : après trois heures de route, ils aperçurent un vaisseau démantelé, plein de passagers, et en péril imminent de submersion. Le vaisseau de Bruce envoya aussitôt une de ses chaloupes pour recueillir les naufragés ; et, dans l'un de ceux-ci, Bruce, à sa grande surprise, reconnut le mystérieux visiteur de sa cabine. D'accord avec son capitaine, il invita cet homme à écrire, sur une ardoise, les mots : « Manœuvrez à Nord-Ouest ! » L'écriture était exactement identique à celle qui se lisait encore sur l'ardoise du capitaine. L'auteur de l'écrit se déclara incapable de fournir aucune explication du phénomène. Mais le capitaine du vaisseau naufragé raconta que, vers midi, ce passager, se sentant très las, s'était endormi, et que, une heure après, s'étant réveillé, il avait dit : « Capitaine, nous serons sauvés aujourd'hui même ! J'ai rêvé que j'étais à bord d'un navire qui venait à notre secours. » Puis le passager avait décrit le bâtiment de Bruce ; et le capitaine s'émerveillait de voir que la description correspondait tout à fait à la réalité. Sur quoi le passager qui avait eu la vision ajouta : « Ce qu'il y a de plus étrange, c'est que tout ce que je vois ici me semble familier, et que, cependant, je ne me souviens plus du tout d'être jamais venu sur ce bateau. »

Le récit du cas suivant fut publié à Turin, en juin 1873, par le chevalier Renaud dall'Argine, de Florence. En 1871, Virginio Castellani était préteur à Langhirano, grosse bourgade de la province de Parme. Resté veuf avec une petite fille, nommée Antoinette, et ne pouvant point s'occuper d'elle autant qu'il aurait fallu, il l'avait confiée aux parents de sa défunte femme, les Testi, personnes éminemment respectables, qui demeuraient à Parme. Mais, tous les samedis, le père avait coutume de se rendre à Parme, pour passer quelques heureux moments avec sa fille ; et l'enfant, chaque samedi, ne manquait point de se faire installer près de la fenêtre, pour voir arriver son papa ; elle ne quittait la fenêtre que pour courir au-devant de son père et se jeter dans ses bras. Langhirano, malgré son importance commerciale, ne possède ni théâtre, ni cercles privés : de telle sorte que Castellani passait toutes ses soirées dans le principal café de l'endroit, où se rassemblaient avec lui les habitants les plus considérables ; et là, jouant aux échecs ou aux cartes, il s'attardait jusque vers minuit, après quoi il rentrait chez lui, accompagné de l'un des garçons du café. Cependant, le soir du 28 avril 1871, ce domestique avait paru si fatigué et ensommeillé que Castellani n'avait pas voulu lui imposer la corvée de l'accompagner, et s'était mis en route, seul, pour rentrer chez lui. Mais, comme il arrivait à sa porte, un homme qui s'était tenu là aux aguets se jeta furieusement sur lui, lui planta un poignard dans l'aine, et s'enfuit. Cela se passait à minuit et demi. Ce même soir, à Parme, vers onze heures, les époux Testi s'étaient retirés dans leur chambre à coucher, où leur petite-fille dormait près d'eux ; et bientôt toute la chambre fut plongée dans un tranquille sommeil. Soudain, les Testi furent réveillés par les cris aigus de la fillette. Ils sautèrent aussitôt hors du lit, allumèrent une lampe, et coururent vers la couchette de l'enfant. Celle-ci, qui avait alors quatre ans et demi, était assise sur la couchette, et criait de toutes ses forces : « Papa, papa, ô mon pauvre papa ! » En cet instant, l'horloge de la chambre sonna minuit et demi. Les deux grands-parents, étonnés, appelèrent l'enfant par son nom, la secouèrent : mais elle ne répondit pas. Toujours assise sur le lit, son innocent petit visage montrait une forte agitation intérieure ; elle avait les yeux grands ouverts et ne semblait nullement endormie : mais elle n'entendait rien des appels de ses grands-parents. Ceux-ci la recouchèrent de nouveau. Elle se tut, se calma, et se rendormit pour tout le reste de la nuit. C'était la première fois que semblable chose lui arrivait ; et les Testi avaient été fort impressionnés de l'accent d'angoisse et de désespoir avec lequel elle avait nommé son papa. Ils finirent pourtant par se calmer, eux aussi, et se rendormirent tranquillement. Le lendemain, sitôt levés, ils apprirent la fatale nouvelle de l'assassinat de leur gendre. Ils tinrent cette nouvelle cachée à la pauvre petite orpheline, et si soigneusement que la fillette resta longtemps à l'ignorer. Castellani avait été assassiné dans la nuit du vendredi, c'est-à-dire la veille du jour où il avait coutume de venir à Parme. Mais, chose singulière, dès ce samedi, Antoinette ne nomma plus son papa, ne demanda plus, comme elle avait toujours fait jusque-là, d'être placée à la fenêtre, pour le voir arriver de loin. Depuis cette nuit fatale, l'enfant, comme si une voix surnaturelle l'avait avertie de la mort de son père, ne fit plus aucune mention de lui, et ne parut plus l'attendre; mais, quatre jours après l'affreux événement, ses grands-parents la trouvèrent seule, devant une fenêtre ouverte, les yeux fixés au ciel, et l'entendirent s'écrier : « Oui, mon cher papa! Et moi aussi, mon cher papa ! » comme si elle apercevait l'image de son père, dans l'espace, et s'entretenait avec lui. Et M. dall' Argine ajoute que « ces faits, d'une exactitude absolue, sont attestés par nombre d'habitants de Parme ».

Le *Recueil Médical de Forli* (du 10 janvier 1897) a rapporté une observation du D' J.-B. Ermacora, relative à deux cas importants de télépathie avec perception objective indépendante. Une dame de Rovigo a vu, un jour, de grand matin, apparaître devant elle un de ses frères, qu'elle savait être au Caire, mais dont elle ignorait qu'il était mort la veille. Au même instant, une sœur de cette dame, se trouvant dans une chambre voisine, entendit quelqu'un marcher dans la chambre du frère défunt, et épousseter un vêtement de celui-ci, qui, ensuite, fut trouvé jeté à terre près de la porte de la chambre. Les deux sœurs pensèrent que leur frère venait de rentrer, à l'improviste, avait pénétré dans sa chambre, et puis était de nouveau sorti sans vouloir réveiller ses sœurs. Elles se mirent donc à lui préparer son dîner pour l'heure accoutumée, mais, naturellement, elles l'attendirent en vain. Le Dr Ermacora ajoute que les deux sœurs n'étaient nullement sujettes à des hallucinations ; que les deux apparitions, tout en étant simultanées, se sont présentées dans des circonstances diverses ; et que l'une d'elles s'est trouvée confirmée, jusqu'à un certain point, par le déplacement de l'habit du frère, que les sœurs, la veille, avaient déposé sur un meuble de la chambre. D'où il conclut que, dans ce double cas, il ne saurait s'agir d'une coïncidence fortuite, mais que l'on doit admettre comme très probable la perception, par une voie anormale, d'un fait réel survenu, quelques heures auparavant, à une très grande distance du lieu des deux apparitions.

Nous ne prétendons point garantir absolument la pleine vérité matérielle de tous les faits de télépathie que nous avons rapportés, et que nous avons choisis entre mille autres, dont beaucoup s'appuient sur toute sorte d'attestations des plus sérieuses. Mais nous croyons devoir déclarer que nous n'avons pas le moindre motif ni le moindre droit de mettre en doute, sinon le détail de ces divers récits, du moins l'ensemble des faits qu'ils signalent, et la conclusion générale qui s'en dégage. Et, de fait, quel intérêt auraient pu avoir les auteurs de ces récits à nous raconter des choses qu'ils auraient su être fausses ? Aussi bien tous nous affirment formellement que ce qu'ils nous racontent n'est point des fables, mais des événements bien réels. Pourquoi devrions-nous refuser de les croire ? Avec un doute aussi obstiné, à quel historien pourrions-nous prêter foi ? Sans compter que, dans la plupart de ces cas, les détails mentionnés suffisent pour rendre impossible toute hypothèse d'illusion ou d'hallucination.

Et, maintenant, il est temps que nous retournions au spiritisme.

16. — En lisant notre description sommaire de tous les prodiges spirites, plus d'un lecteur aura cru avoir sous les yeux un chapitre de quelque roman fantastique. Mais non : il n'y a pas un seul des faits cités ici qui ne soit emprunté aux relations, très précises et très minutieuses, d'hommes qui se sont occupés des phénomènes du spiritisme ; et la réalité absolue de l'ensemble de ces faits nous est attestée par un nombre, pour ainsi dire, infini de témoignages.

D'une statistique présentée au second Congrès Spirite, — qui a eu lieu à Paris, en 1889, dans la salle du Grand Orient maçonnique, et où ont pris part 500 délégués, représentant 40.000 membres de diverses Sociétés spirites, — on peut conclure en toute certitude que, à cette date, le nombre des témoins des divers faits indiqués par nous devait être au moins de six millions d'individus ; les congressistes, peut-être avec quelque exagération, portaient même ce chiffre à plus de quinze millions¹. Encore convient-il de joindre à ce chiffre tous ceux qui ont témoigné de la réalité des faits spirites avant la reconnaissance définitive du spiritisme, vers le milieu du XIXᵉ siècle, comme aussi tous ceux qui ont apporté de nouveaux témoignages depuis cette époque.

Les prodiges spirites opérés par les fakirs indiens, d'autre part, ne nous sont pas attestés seulement par Jacolliot, qui a passé une partie de sa vie aux Indes, mais par des voyageurs tels que le missionnaire Huc², le philosophe Olcott³, et maints autres Européens, qui ont tous été stupéfaits des choses extraordinaires dont ils étaient témoins⁴.

Ainsi, tout compte fait, le spiritisme a pour lui une somme de témoignages si élevée qu'il serait tout à fait impossible de négliger ces témoignages sans se rendre coupable d'un excès de légèreté : d'autant plus que personne, peut-être, parmi ces

---

¹ *Il Vessillo Spiritista*, juillet 1891.

² Huc, *Souvenirs d'un voyage dans la Tartarie et le Thibet*; Paris 1857.

³ Olcott, *Catéchisme Bouddhiste*, Paris, 1883.

⁴ Voyez encore *Revue Britannique*, tome XXXII, p. 368.

innombrables témoins, ne s'est converti au spiritisme sans avoir assisté à quelques-uns de ses prodiges.

Ajoutons que ces témoignages nous viennent des nations les plus diverses. Ils nous viennent d'Américains, d'Anglais, de Français, de Danois et autres Scandinaves, de Hollandais, d'Allemands, de Russes, d'Espagnols, de Portugais, d'Italiens, pour ne point parler des Égyptiens et des Indiens. Quant aux croyances religieuses de ces témoins, les uns sont mormons, d'autres athées, d'autres matérialistes, d'autres Grecs orthodoxes, d'autres même catholiques.

Que les membres d'une nation ou les sectateurs d'une religion, dans notre siècle de doute et de scepticisme, s'accordent à attester comme vrai un événement imaginaire, c'est là chose possible, sinon probable. Mais que des individus sans nombre, appartenant à des nations et à des religions diverses, ayant des tendances, des aspirations, des caractères, des intérêts dissemblables, et même tout à fait opposés, s'accordent à attester comme vrais, non seulement en gros, mais jusque dans les moindres détails, des événements inventés à dessein ou inexactement observés, c'est là une hypothèse si étrange qu'elle confine à l'absurde.

Encore est-il que nous, Italiens, nous n'avons pas besoin d'aller chercher ces témoignages au loin, ni dans des lieux d'accès difficile. Des témoins des prodiges spirites, nous en rencontrons dans toutes les provinces, dans toutes les villes, dans tous les villages de notre pays ; dans ses parties les plus éclairées et dans les plus ignorantes, dans ses régions les plus fréquentées et dans celles qui sont le plus à l'écart du mouvement social.

Et ces témoins n'attestent point dans l'ombre les faits qu'ils ont vus de leurs yeux, ou dont ils ont pris leur part : ils en parlent publiquement dans leurs entretiens, dans les journaux qu'ils ont à leur disposition pour mieux proclamer leurs doctrines ; ils se vantent sans mystère d'être des spirites convaincus, et d'avoir observé eux-mêmes les prodiges où ils croient. Ils nous font connaître leur adresse exacte, invitant les curieux à vérifier, par soi-même, la réalité des faits qu'ils annoncent. « Venez et voyez ! » nous disent-ils. Et plus d'un lecteur, s'étant rendu à cette invitation, a dû convenir ensuite qu'il était impossible de nier la vérité de prodiges que, d'abord, il avait tenus pour des illusions ou des fraudes.

Peut-être supposera-t-on que parmi ces témoins, ne se trouvent que des individus exaltés, des têtes légères, ou des personnes incompétentes ? Nous voulons bien accorder que cela puisse être vrai pour la plus grande partie des témoignages en question. Mais la justice nous contraint à ajouter que, entre ceux qui, en Italie et à l'étranger, ont attesté l'existence réelle des phénomènes spirites, il s'en rencontre un assez grand nombre dont l'autorité est au-dessus de toute objection. Plusieurs d'entre eux occupent des situations éminentes dans les sphères les plus diverses : hommes de lettres et journalistes, professeurs, mathématiciens, astronomes, géologues, physiciens, chimistes, naturalistes, anthropologistes, médecins, philosophes, théologiens, magistrats, politiciens, diplomates, sociologues, voire même souverains, car on sait que, par exemple, Napoléon III, qui certes n'était pas un naïf, est resté stupéfait devant les phénomènes extraordinaires produits, en sa présence, et avec toutes les garanties désirables, par le spirite Home[1].

Le poids de ces témoignages est encore renforcé de ce fait que la plupart des témoins à qui nous les devons sont des savants de premier ordre, habitués à considérer les faits sous les points de vue les plus divers, à en analyser les rapports, à en considérer les détails et les circonstances, les causes et les effets. D'humeur calme, d'esprit pénétrant, ces hommes ont l'habitude de méditer longuement les objets qu'ils étudient, de mesurer leurs jugements, de peser leurs paroles : personne, peut-être, n'est moins qu'eux disposé à passer gratuitement pour un

[1] Parmi les témoins et partisans les plus connus du spiritisme, nous nous bornerons à citer les quelques noms suivants : les poètes et écrivains Walter Scott, Victor Hugo, Victorien Sardou, Maxime d'Azeglio, Louis Capuana ; les professeurs Scarpa, Damiani, Brofferio, Mamiani, Gerosa, Hoffmann ; les ministres et hommes d'État Gladstone, Balfour, Lincoln, de Giers, Aksakof, Eula ; les mathématiciens Wynne, Auguste de Morgan, Filopanti ; les astronomes Zoellner, Challis, Flammarion ; les physiciens Lodge, Tyndall, Thurie, Fechner, Crookes ; les chimistes Humphry Davy, Butlerof, Hare, Mapes ; les naturalistes Douton, Barkus, Wagner, Perry, Richardson, James Sully, Richet ; les anthropologistes L. Ferri, Morselli, C. Lombroso. — On trouvera, d'ailleurs, une liste beaucoup plus complète dans un livre italien de G. Athius, *Idea vera dello Spiritismo* (Turin, 1892).

sot, ni à se laisser duper grossièrement, et pour toujours, par le premier farceur venu.

Le célèbre naturaliste Alexandre de Humboldt, invité à se prononcer, en présence du roi de Prusse Frédéric-Guillaume IV, sur certains phénomènes spirites, a expressément déclaré : « Ces phénomènes, en tant que tels, ne sauraient être niés ; il revient maintenant à la science de les expliquer. » Et le savant Mott, président de l'Académie littéraire et philosophique de Liverpool, le 15 janvier 1873, parlant devant les membres de cette Société, a dit : « Ou bien il existe, dans la nature, une force inconnue à la science ; ou bien il existe un moyen de tromper, également inconnu. »

Nombre de savants, avant d'émettre un avis sur les faits en question, ont voulu les observer à plusieurs reprises, les examiner, les analyser, les scruter de toutes parts, les soumettre à des expériences diverses, suivant les règles les plus scrupuleuses de la science positive moderne. Qu'il nous suffise de rappeler, notamment, le comité élu, en 1869, par la Société Dialectique de Londres, et qui comprenait parmi ses membres des hommes tels qu'Alfred Russell Wallace,

Auguste de Morgan, C.-F. Warley, Hell, Chambers, Howitt, et Edmonds. Ce comité a soumis à un examen minutieux les phénomènes du spiritisme ; et il a dû conclure à en admettre la réalité.

Les expériences de ce comité furent reprises, en 1871, et soumises à un contrôle très sévère, par un autre savant anglais non moins illustre, William Crookes : physicien égal aux plus grands du monde entier ; qui, à vingt ans, avait mis au jour des travaux importants sur la polarisation de la lumière ; qui, plus tard, avait publié de magnifiques travaux sur les spectres lumineux des corps célestes ; qui a inventé le photomètre de polarisation et le microspectroscope ; qui a écrit de remarquables ouvrages de chimie, et, en particulier, un traité d'analyse désormais devenu classique ; qui a fait de précieuses découvertes en astronomie, et grandement contribué aux progrès de la photographie céleste ; qui a été envoyé par le gouvernement anglais à Oran pour étudier une éclipse de soleil ; qui s'est distingué dans la médecine, l'hygiène publique, et les sciences naturelles ; qui a inventé un procédé d'amalgamation métallique au moyen du sodium, procédé couramment employé aujourd'hui pour l'extraction de l'or ; qui a découvert un corps nouveau, le *thalium* ; et qui, enfin, en révélant à la science l'état radiant de la matière, a ouvert la voie à la découverte de ces rayons de Rœntgen que l'on emploie maintenant volontiers pour photographier ce qu'on appelle *l'invisible*.

Un homme d'une intelligence si haute et d'une science si vaste, un homme qui a passé sa vie à interroger avec une vigueur extrême les secrets les plus ardus de la nature, c'est lui qui a voulu faire subir un examen minutieux aux phénomènes spirites, et leur appliquer la critique sévère de l'expérimentation moderne. Il s'est fait assister, dans ses recherches, de deux autres physiciens de valeur, William Huggins et Ed.-W. Cox.

A l'aide d'instruments de précision et d'enregistreurs automatiques, Crookes a examiné dans le moindre détail jusqu'aux moindres particularités des phénomènes produits sous ses yeux. Il a expérimenté, tour à tour, dans les ténèbres et en plein jour, au dehors et dans des chambres choisies par lui, à la lumière électrique et à la lumière phosphorique. Il a toujours assisté lui-même à la toilette et aux préparatifs de ses médiums, pour s'assurer que ceux-ci ne cachaient rien sous leurs vêtements. Il a fait entourer de toile métallique certains appareils qui devaient ressentir l'influence des médiums. Il a constamment acheté, examiné, et disposé lui-même les tables destinées aux expériences.

Or, après avoir étudié les phénomènes spirites, parmi tout cet appareil de précautions, et avec le plus grand scepticisme scientifique, Crookes s'est vu forcé de répéter, loyalement, ce qu'avait déjà dit avant lui Alfred Russell Wallace, l'inventeur de la célèbre hypothèse de la *sélection naturelle* : « J'ai acquis la preuve certaine de la réalité des phénomènes spirites. »

Et que l'on ne croie pas que, au moment où ils ont fait cette déclaration, Crookes ni les membres du comité de 1869 aient commencé à subir une altération de leurs fonctions cérébrales ! A cette même date où ils reconnaissaient la réalité du spiritisme, les divers savants du comité anglais s'occupaient d'autres travaux importants, publiés ensuite ; et, depuis cette date, chacun d'eux a fait voir, par des preuves non douteuses, qu'il gardait toute la puissance de ses facultés intellectuelles. Quant à Crookes, il nous suffira de rappeler que ses découvertes sur l'état radiant de la matière ont été accomplies entre les années 1878 et 1880, tandis que ses études sur le spiritisme, comme nous l'avons dit, avaient eu lieu en 1871.

Enfin d'autres savants se sont trouvés qui, après avoir été d'abord des négateurs et adversaires résolus du spiritisme, en sont devenus plus tard, à la suite d'observations et d'expériences répétées, des témoins, sinon des adeptes passionnés ; et cela bien que, dans leurs observations et leurs expériences, ils aient apporté la plus grande dose possible de l'esprit de doute et de méfiance. Parmi ces savants, il me suffira de nommer Cesare Lombroso [1].

En présence de témoignages aussi nombreux, aussi choisis, aussi compétents, aussi scrupuleux, et aussi défiants, il me paraît que ce serait chose trop déraisonnable de continuer à nier absolument la réalité des faits qui servent de base au spiritisme.

Aussi ne saurais-je mieux terminer ce chapitre

---

[1] C. Lombroso, *I nuovi orizzonti della Psichiatria*, dans la *Rivista d'Italia*, février 1904 ; *Luce e Ombra*, Milan, 1ᵉʳ septembre 1905.

qu'en citant les dernières phrases du mémoire où Crookes a consigné le résultat de ses observations :

« Le public, toujours avide de surnaturel, ne manquera point de nous demander si, pour notre part personnelle, nous croyons ou non au caractère surnaturel de ces faits. A quoi nous répondrons : Nous sommes des chimistes, nous sommes des physiciens ; notre office ne consiste pas à croire ou à ne pas croire, mais seulement à nous assurer, de façon positive, si un phénomène donné est, ou n'est pas, imaginaire. Cela fait, le reste n'est point de notre compétence. Or, quant à la réalité des phénomènes en question, nous l'affirmons, au moins provisoirement, parce que, à l'extrême surprise de nos sens et de notre esprit, l'évidence nous contraint à l'admettre... Le lecteur doit se rappeler que nous ne hasardons ni hypothèses, ni théories d'aucune sorte. Nous attestons simplement certains faits, à cette seule fin et pour cette seule raison que, dans toute notre carrière déjà longue, nous n'avons jamais cherché qu'à faire connaître la vérité. Les comités d'examen, les hommes éminents et pratiques de toute nation qui voudront, collectivement ou séparément, contrôler nos expériences, seront forcés de conclure comme nous. Encore une fois, nous n'affirmons point que tout cela est vraisemblable : mais nous affirmons que tout cela *est*. Au lieu de douter ou de croire aveuglément, ce qui revient au même, au lieu de vous imaginer que nous avons été capables de perdre notre temps à étudier des tours de passe-passe, — comme si un tel enfantillage était possible ! — prenez la peine d'examiner d'abord les faits, comme nous-mêmes, à l'origine, dans notre incrédulité, nous nous sommes résignés à le faire !... Montrez-nous, par une sévère critique, sur quels points nous nous sommes trompés, au cours de nos expériences ! suggérez et spécifiez, si vous en connaissez, des moyens d'examen plus démonstratifs ! Inventez des séries de précautions et d'obstacles à la fraude plus insurmontables et plus ingénieuses que celles dont nous avons entouré nos médiums, sans qu'ils le sussent jamais ! Mais ne venez pas, à priori, traiter les sens de notre corps comme des sens mensongers ou trop faciles à duper ; n'accusez pas notre raison de démence sous le prétexte que les faits que nous vous présentons sont contraires à vos jugements anticipés, qui sont précisément ceux que nous portions nous-mêmes, en abordant nos expériences! Il est difficile d'être plus sceptique et plus positif que nous le sommes, en fait de choses expérimentales. Et que si vous vous croyez plus que nous, avec votre ignorance ou avec votre science de dilettante, à quel parti devra s'arrêter un homme sensé? Nous soutenons, nous, que tout masque de sourire méprisant doit tomber du visage, à la vue de certains phénomènes produits par des médiums, *réels et véritables*, dans nos laboratoires; et que les sceptiques les plus obstinés deviendront semblables à ces paysans malicieux qui, à la foire, se moquaient joyeusement d'une machine électrique, jusqu'au moment où, ayant touché la machine, ils ont été forcés de changer de visage. Et puis enfin, rejeter à la légère le témoignage d'hommes qui, par leur profession, sont chargés d'examiner les faits et d'en rendre compte, cela n'équivaut-il pas à déprécier tout témoignage humain, de quelque poids qu'il puisse être? Car assurément il n'y a pas un seul fait de l'histoire sacrée ou profane, ni de toutes les annales de la science, qui se fonde sur des preuves plus solides et plus efficaces que celles qui nous ont non seulement convaincus, mais presque accablés sous leur évidence. Et, donc, ne vous risquez plus à proclamer la supériorité de vos sens et de votre scepticisme sur nos sens et notre scepticisme à nous ; et qu'ainsi s'achèvent ces controverses oiseuses ! »

Nous souscrivons sans restriction à ces sages paroles. Dussions-nous passer pour trop naïf aux yeux de bien des gens, nous préférons, jusqu'à démonstration contraire, être naïf avec des savants de premier ordre tels que Wynne, Huggins, Wallace, Cox, Tyndall, Humphry Davy, Richardson, Humboldt, Crookes, et bien d'autres, plutôt que d'être fin et avisé avec ceux qui prennent sur eux de juger des choses sans avoir pris d'abord la moindre peine pour les examiner.

Inutile de dire que l'on ne saurait attribuer aucun poids ni aucune importance aux jugements de ces pseudo-savants qui aujourd'hui combattent le spiritisme, et qui demain s'en font les adeptes. Ceux-là sont nombreux ; et il nous suffira de citer, entre tous, l'exemple de Louis Figuier, qui, dans son *Histoire du Merveilleux*, niait et raillait à outrance le spiritisme, après quoi, dans son *Lendemain de la mort, ou la Vie future selon la Science*, il s'est décidé à l'admettre, en l'appuyant sur toute sorte de démonstrations, et en déclarant seulement que c'était chose indigne des esprits de se manifester par le moyen de coups, de mouvements de tables, ou d'autres expédients analogues.

17. — On m'a parfois demandé s'il m'est arrivé à moi-même, personnellement, de constater la réalité et l'exactitude des faits merveilleux que je viens de décrire. Et, en toute franchise, j'ai dû répondre négativement : car le fait est que je n'ai jamais trouvé l'occasion ni le loisir de prendre en sérieux examen les phénomènes du spiritisme avec les précautions indispensables, avec l'aide des personnes et des appareils nécessaires.

Mais j'estime que mon manque d'expérience personnelle n'ôte rien à la réalité des faits rapportés, ni à l'exactitude des récits qu'on en a donnés : tout de même que mon manque d'expérience personnelle n'ôte rien à l'existence réelle du Détroit de Magellan, de l'Isthme de Panama, et des Bancs de Terre-Neuve ; ou encore que l'authenticité des descriptions médicales de certaines maladies propres aux Tropiques n'est nullement diminuée par le fait que je n'ai jamais eu l'occasion d'étudier moi-même ces maladies.

Au reste, pour ceux qui veulent délibérément et à tout prix que le spiritisme soit une fable, il est et il doit être indifférent que j'aie ou non personnellement observé les faits en question : ni l'un ni l'autre cas n'aura de quoi les leur faire admettre.

Si je déclare n'avoir jamais personnellement observé ces faits, leurs dénégateurs en concluront, une fois de plus, que ces faits n'existent pas ; et ils se moqueront en outre de la crédulité incompréhensible avec laquelle j'accepte les récits d'autres personnes, encore que celles-ci soient dignes de toute confiance, et que leur compétence soit indiscutable. Si, d'autre part, j'avais reconnu qu'il m'avait été donné personnellement de constater, de vérifier, de contrôler et d'étudier les faits que j'ai rapportés, les mêmes sceptiques ne manqueraient point de se moquer pareillement, en disant que moi aussi, après tant d'autres, je me suis fait illusion, ou me suis laissé grossièrement tromper.

Contre les idées préconçues et l'obstination de ces dénégateurs à priori, quelle valeur pourraient avoir nos assurances et nos témoignages ? Eux seuls, ces hommes supérieurs, en présence de certains faits inexplicables pour le reste des hommes, ils auraient su découvrir le secret de l'imposture ! A tous les autres on peut tendre des pièges ; eux seuls seront toujours de taille à les déjouer !

CHAPITRE IV

ANALOGIES ET DIFFÉRENCES
ENTRE LES PHÉNOMÈNES DE L'HYPNOTISME ET CEUX DU SPIRITISME

1. — Des écrivains de grande valeur font couramment une confusion, — fâcheuse en soi, et très funeste pour la science, — entre l'hypnotisme et le spiritisme. A les en croire, ces deux ordres de faits seraient identiques ; ou, tout au moins, l'un et l'autre auraient même nature et même origine. Ils fondent cette conviction sur deux arguments : 1° qu'aussi bien les sujets hypnotisables que les médiums spirites appartiennent, presque toujours, à la catégorie des névropathes ; 2° que, des phénomènes hypnotiques, le passage est si facile aux phénomènes spirites que, en fait, très souvent, les uns s'associent, s'entre-mêlent aux autres, ou bien encore alternent avec eux.

Tout en admettant la justesse de ces arguments, il nous est impossible d'admettre les conclusions que l'on en veut tirer. Il est vrai que les individus névropathes peuvent, avec une égale facilité, être sujets aux crises hypnotiques ou devenir médiums spirites : mais cela signifie seulement que ces individus sont plus susceptibles que d'autres de subir toutes les influences extérieures. Il est vrai que les phénomènes de l'hypnotisme s'associent, se mêlent, alternent très facilement avec ceux du spiritisme : mais cela peut signifier seulement que les premiers sont souvent exploités pour servir aux seconds de passeport et de sauf-conduit. Dans l'ordre des choses créées, nous rencontrons bien d'autres phénomènes qui offrent les mêmes conditions réciproques que celles qu'on relève dans l'hypnotisme et le spiritisme : et cependant aucun homme raisonnable n'a jamais eu l'idée d'en conclure qu'ils étaient identiques. Ainsi, dans les orages de l'été, nous voyons se produire aussi bien la foudre que la grêle : mais nous ne nous croyons pas en droit de dire, pour cela, que la foudre et la grêle soient une même chose. Le vent, le tonnerre et la pluie, dans ces orages, ont lieu simultanément ou alternativement; et pourtant le vent n'est pas le tonnerre, et ni l'un ni l'autre ne sont la pluie. Chacune de ces trois choses a une cause différente, une origine physique différente, et chacune, en conséquence, peut se produire indépendamment des autres.

2. — Suivant ma manière de voir, l'hypnotisme et le spiritisme n'ont entre eux qu'une seule analogie, qui consiste dans la *mirabilité*, dans le caractère anormal et surprenant, des faits qui les constituent. Car s'il est certes surprenant de voir des meubles qui, spontanément, s'agitent et changent de place, il ne l'est guère moins de voir un être vivant qui, en pleine vigueur de vie, se trouve revêtu des apparences de la mort, dans la léthargie, ou est condamné à une immobilité de statue, dans la catalepsie.

Et encore, à y bien réfléchir, cette analogie elle-même n'est-elle que de surface. Car tandis que la *mirabilité* des faits de l'hypnotisme ne résulte que de leur caractère exceptionnel, celle des faits du spiritisme est bien autrement profonde, résultant de la singularité de leur origine et de toutes leurs manifestations. Les faits de l'hypnotisme peuvent se produire par le seul effet des lois ordinaires de la nature, comme il arrive pour les sujets pris spontanément de léthargie, de catalepsie, ou de somnambulisme : les faits du spiritisme, au contraire, s'écartent toujours infiniment du cercle de ces lois.

3. — Et, à part cette analogie superficielle que présentent l'hypnotisme et le spiritisme en raison de leur *mirabilité*, mon avis est que les phénomènes hypnotiques diffèrent absolument des phénomènes spirites.

Pour s'en convaincre, il suffirait d'observer que, tandis que l'hypnotisme concerne seulement l'individu hypnotisé, les phénomènes du spiritisme s'étendent, par delà le médium, à toutes les personnes qui l'entourent. Dans l'hypnotisme, l'hypnotisé seul fait voir les conditions insolites qui causent notre surprise; ses actes ne sortent pas du cercle de sa personnalité, de ses rapports individuels. Dans le spiritisme, au contraire, les phénomènes qui nous émerveillent ont un caractère plus général et plus objectif : ils regardent tout l'entourage du médium, et peuvent même regarder des individus absents.

Mais ce n'est pas tout. Tandis que, dans l'hypnotisme, les phénomènes insolites sont provoqués par une influence extérieure sur le sujet hypnotisé, dans le spiritisme, au contraire, c'est le médium lui-même qui, en quelque sorte, suscite autour de soi les merveilles que nous avons décrites. L'hypnotisé ne joue jamais qu'un rôle passif; le médium, au contraire, est véritablement et proprement un *agent*.

Autre différence. Tandis que les phénomènes qui constituent l'hypnotisme ne s'appliquent qu'à des êtres animés, les phénomènes du spiritisme peuvent aussi s'appliquer à des êtres inanimés, à la matière brute. Personne n'aura jamais l'idée d'exercer une influence hypnotique quelconque sur des chaises, des tables, de la vaisselle : dans le spiritisme, au contraire, ce sont précisément ces divers objets qui jouent un rôle actif très important, et souvent même le rôle principal.

Enfin l'hypnotisme ne représente qu'un état particulier de certains êtres vivants, état où quelques-unes de leurs facultés se trouvent presque annulées, pendant que d'autres ont une activité plus ou moins accrue. Mais, au contraire, le spiritisme représente la manifestation de forces nouvelles, que nous ne voyons pas agir, ordinairement, dans la nature, et qui, lorsqu'elles agissent, tendent à dépasser et à renverser toutes les lois naturelles, même les plus constantes, les plus générales, et celles qui nous paraissent les plus fondamentales.

La vérité est donc qu'un abîme sépare l'hypnotisme du spiritisme. Les confondre l'un avec l'autre, c'est une erreur énorme, et des plus funestes : une erreur qui n'a déjà que trop contribué à jeter le discrédit sur l'hypnotisme, tandis que celui-ci, avec tous ses dangers, n'en demeure pas moins une des plus intéressantes conquêtes de la science moderne.

4. — Après cela, et cette distinction étant bien établie, nous ne prétendons pas nier que, parfois, dans la réalité de la vie, l'hypnotisme et le spiritisme marchent ensemble, comme en se tenant par le bras. Nombreux sont les exemples d'une telle alliance ; et Charcot lui-même, dans ses leçons, nous en a cité un[1]. Mais on ne doit pas oublier ce que nous avons dit déjà : si l'hyp-

---

[1] Charcot, *Leçons sur les Maladies du système nerveux*, Œuvres complètes, Paris, 1887, tome III, pp. 229 et suiv.

notisme parfois s'associe ou alterne avec le spiritisme, cela se produit surtout parce que les prodiges de l'un servent à ouvrir les voies à l'autre, à le faire accueillir avec plus de confiance. Et ce fait ne justifie en aucune façon l'opinion suivant laquelle l'hypnotisme et le spiritisme seraient une seule et même chose. Mêler ou réunir deux choses diverses ne signifie point identifier ces deux choses entre elles. Tous les jours il nous arrive de mêler l'eau et le vin, sans que nous songions à affirmer que nous formons ainsi une matière unique, un vin aqueux, ou une eau vineuse ; et, de la même façon, le mélange fréquent de l'hypnotisme avec le spiritisme ne justifie nullement l'hypothèse, qu'on a émise plusieurs fois, de l'existence d'une forme hybride, l'*hypnotisme spirite*, ou le *spiritisme hypnotique*, ou encore l'*hypno-spiritisme*. Ce n'est là qu'une forme tout artificielle, où les phénomènes distincts de l'hypnotisme et du spiritisme ne se trouvent pas unis en vertu de l'identité de leur nature intime, mais simplement par le fait d'une alliance accidentelle et précaire.

CHAPITRE V

NATURE DE L'HYPNOTISME ET DE SES MANIFESTATIONS

1. — Aujourd'hui encore, des personnes se rencontrent qui ne veulent voir, dans les manifestations de l'hypnotisme, que des effets de la supercherie ; et d'autres personnes se rencontrent qui, au contraire, veulent y voir l'effet de forces occultes extraordinaires.

La première de ces deux opinions a été définitivement réfutée par Charcot, qui a prouvé que, dans les divers états hypnotiques, il se produit des phénomènes physiques objectifs que la ruse et l'habileté les plus subtiles seront toujours incapables de simuler. Ainsi l'exagération des réflexes tendineux, la contracture musculaire permanente, l'excitabilité nervo-musculaire, le ralentissement de la respiration, l'uniformité durable de la tonicité musculaire : tout cela sont des phénomènes qui défient le talent et l'astuce du simulateur le plus ingénieux ; et il n'y a point d'état hypnotique où ne se manifeste l'un ou l'autre de ces phénomènes, qui constituent, pour ainsi dire, le signe infaillible des états hypnotiques.

Cependant, plusieurs des critiques de la doctrine de Charcot ont objecté que les susdits phénomènes ne sont point caractéristiques de l'hypnotisme, car on les observe, parfois, chez certains sujets névropathes, même en dehors de l'hypnose. Mais Charcot n'a jamais prétendu que ces phénomènes physiques ne s'observaient absolument que dans l'hypnotisme : il s'est borné à dire que, lorsqu'ils s'observaient dans l'hypnotisme, ils démontraient la réalité de celui-ci, et excluaient toute possibilité de simulation. C'est dans ce sens qu'il a pu dire que, étant donnée l'hypnose, ces phénomènes sont caractéristiques. Ne disons-nous pas communément, de la même manière, que la fièvre est caractéristique de la pneumonie, de la typhoïde, de la variole, de la scarlatine, encore que la fièvre n'appartienne pas exclusivement à ces maladies ?

Quant à ceux qui attribuent l'hypnotisme à l'intervention de forces occultes surnaturelles, ceux-là, probablement, n'ont pas une connaissance suffisante du sujet, et peut-être prennent pour base de leurs jugements les phénomènes de ce qu'on a appelé l'hypno-spiritisme. Le fait est que, à l'appui de leur affirmation, ils invoquent l'étrangeté inexplicable, inconcevable, des phénomènes hypnotiques.

Or rien ne serait plus facile que de leur démontrer que, dans les phénomènes hypnotiques, il n'y en a point de si étrange qui ne se rencontre, au moins en germe, dans les conditions ordinaires de la vie ; que les plus merveilleux de ces phénomènes trouvent une explication très suffisante dans les lois ordinaires de la physiologie et de la pathologie ; et que, en tout cas, ces phénomènes ne contredisent aucunement les lois ordinaires de la nature.

2. — Pour notre compte, nous ne voyons dans l'hypnotisme rien d'autre qu'un état morbide particulier des centres nerveux : un état toujours morbide, et aussi singulier que l'on voudra, mais qui n'en rentre pas moins dans les limites des choses explicables.

Pour établir notre thèse, nous ferons simplement remarquer que les trois formes de l'hypnotisme se rencontrent souvent isolés, dans la nature. Il n'y a point d'hôpital, point d'asile d'aliénés, où il n'arrive fréquemment de voir des individus en état de léthargie ou de catalepsie ; et pour ce qui est des somnambules, on peut en voir non seulement dans les hôpitaux et les maisons de santé, mais dans les casernes, dans les collèges, dans les familles. Et jamais, dans ces divers endroits, un médecin, ni même aucun homme d'une certaine culture, n'a eu l'idée de considérer la léthargie, la catalepsie, le somnambulisme, autrement que comme des faits morbides, plus ou moins singuliers.

Or, si la léthargie, la catalepsie, et le somnambulisme, sont trois faits naturels quand ils se produisent isolément, je ne vois pas qu'il puisse y avoir un motif quelconque pour ne point les juger de la même façon quand ils s'unissent, ou se succèdent, ou alternent l'un avec l'autre, dans ce qu'on appelle l'état hypnotique. Et non seulement la nature nous offre des cas fréquents de manifestation isolée de ces trois états, mais elle nous offre même, parfois, ces trois états réunis, pendant une courte période de temps, chez le même individu. Un cas classique de ce genre a été publié, il y a quelques années, par le professeur napolitain François Vizioli[1]. Ces cas rentrent dans ce qu'on a appelé l'*hypnotisme spontané*, qui d'ailleurs le plus souvent, est tout à fait passager, et ne donne pas lieu à quelques-unes des manifestations les plus bizarres de l'état hypnotique. Or, les cas même de ce genre ont toujours été tenus comme des cas morbides ; mais si certains cas d'hypnotisme sont ainsi, incontestablement, des maladies, pourquoi devrait-on tenir pour autre chose que des maladies des cas qui se présentent avec les mêmes manifestations symptomatiques ?

Répondra-t-on à cela que, assurément, l'hypnotisme spontané est toujours un simple fait morbide, mais qu'il n'en est point de même de l'hypnotisme provoqué, qui naît sous l'influence d'une volonté étrangère ?

A cette objection nous répondrons, à notre

---

[1] *Giornale di neurologia*, Naples, 1885, fasc. 5 et 6.

tour, qu'il existe bien d'autres états morbides qui peuvent également être provoqués, sans que pour cela ils cessent d'être des maladies, ou des manifestations maladives. Si l'on tient justement pour morbide le délire de la folie, de la méningite, des fièvres violentes, on n'est pas moins d'accord à tenir pour tel le délire provoqué artificiellement par les excès de boisson alcoolique, ou par l'usage de certaines substances enivrantes, l'opium, le chanvre indien, la belladone, le chloroforme, l'éther, le protoxyde d'azote. L'épilepsie, qui peut être provoquée artificiellement, n'en reste pas moins toujours un phénomène morbide. Et, donc, le fait que l'hypnotisme peut être provoqué artificiellement ne suffit pas à en infirmer la nature morbide, et n'autorise nullement à dire que, dans certains cas tout au moins, les phénomènes hypnotiques sont d'une autre nature.

Nous devons ajouter, d'ailleurs, qu'il est tout à fait inexact que l'hypnotisme provoqué ne soit qu'une maladie purement artificielle, suscitable à plaisir chez qui l'on voudra. C'est chose désormais pleinement établie par les patientes recherches des savants, que l'homme parfaitement sain n'est jamais hypnotisable, et que tous les individus hypnotisables sont toujours plus ou moins prédisposés à l'hypnotisme, soit par leur hérédité, soit par des maladies congénitales ou acquises, ou enfin par les conditions particulières et temporaires de leur santé.

Et que l'on ne nous dise point, là-dessus, que l'on a vu hypnotiser des individus sains et robustes, et jusqu'à des paysans ; car la vigueur physique ne marche pas toujours de pair avec l'équilibre normal et avec la vigueur des fonctions spirituelles. De la même façon que l'on rencontre des individus malingres avec un cœur de lion, et des colosses avec un cœur de lapin, de même certains hommes aux membres délicats peuvent avoir des cerveaux réfractaires à toute influence hypnotique, tandis que d'autres hommes, de l'enveloppe la plus robuste, peuvent avoir le cerveau le plus facile à hypnotiser.

Enfin nous avons dit déjà que, dès le XVIIIe siècle, un savant jésuite, le P. Kircher, a montré que l'on pouvait provoquer artificiellement l'état hypnotique même chez les animaux, et en particulier chez les poulets, en n'employant à cela que des moyens absolument naturels. Aujourd'hui, on réussit couramment à hypnotiser jusqu'à des grenouilles, sans la moindre pratique mystérieuse ou inconcevable [1]. Or, l'hypnotisme pouvant être produit naturellement chez les animaux, comment hésiterions-nous à admettre que, chez l'homme aussi, il soit un état pleinement naturel ?

Après cela, nous convenons qu'il n'est point facile d'expliquer comment, avec les moyens les plus simples, on arrive à plonger un sujet prédestiné dans un état morbide aussi grave et aussi profond que l'hypnotisme. Et cependant il faut considérer que ce fait même n'est pas sans pouvoir s'expliquer, au moins en partie, par l'épuisement de l'activité cérébrale que l'hypnotiseur produit toujours, chez son sujet, au moyen de certaines excitations sensorielles légères et continues ; ou bien encore par l'extrême excitabilité morbide de certains centres cérébraux, mis en jeu, chez les sujets prédisposés, au moyen de la stimulation prolongée de certains centres

---

[1] Charcot, *OEuvres complètes*, Paris, 1890, tome IX, p. 262; *Riforma Medica*, 15 juillet 1895, p. 149 ; *Progrès Médical*, 13 juillet 1895, p. 22 ; Laurent et Bernheim, *Pathologie médicale*, Paris, 1895, vol. II, p. 467.

sensoriels, tandis que sommeille l'activité des autres centres du cerveau. L'une ou l'autre de ces deux hypothèses, ou toutes deux à la fois, peuvent suffisamment expliquer la naissance de l'état hypnotique.

Mais si même on juge qu'elles ne l'expliquent point, cela n'enlève rien au caractère naturel, et simplement morbide, de l'hypnotisme. Il existe bien d'autres phénomènes nerveux dont le mécanisme nous est inconnu, et que cependant nous tenons incontestablement pour des faits nerveux naturels. Que le bâillement soit un trouble nerveux communicable, c'est ce que personne n'ignore, et pourtant personne, que je sache, ne connaît la manière dont le bâillement se communique. Il nous suffit d'avoir la certitude que, dans la naissance de l'hypnotisme provoqué, comme dans la contagiosité du bâillement, rien ne se trouve qui contredise le moins du monde une autre loi quelconque, physique ou biologique, de la nature, ou qui en suppose la suspension, même momentanée; et l'on entend bien que nous parlons ici des grandes lois générales de la physique ou de la biologie, et non point de tel ou tel mode d'activité fonctionnelle organique, que l'hypnotisme, en sa qualité d'état morbide, ne manque point de suspendre ou de déranger.

3. — Le rapport exclusif que, durant l'état d'hypnose, le sujet conserve avec son hypnotiseur n'a rien d'inexplicable lorsqu'on se rappelle que, ainsi que nous l'avons déjà fait entendre, l'imagination du sujet hypnotisé est tout absorbée dans la contemplation de l'unique personnage qui l'occupait lorsqu'est survenu son assoupissement morbide. Or c'est chose bien connue que l'imagination, absorbée dans la contemplation d'un certain objet, s'abstrait facilement de tout le reste du monde ; c'est chose que nous expérimentons chaque jour en nous-mêmes, quand, à la promenade, ou au théâtre, nous occupant de quelque affaire importante, nous finissons peu à peu par ne plus voir ni entendre rien de ce qui se passe autour de nous. Ainsi l'on raconte de saint Thomas d'Aquin que, s'adonnant à la contemplation de Dieu, il s'abstrayait si absolument du monde extérieur que, un jour, il resta insensible à la douleur d'une opération chirurgicale qu'il avait eu à subir dans un de ses pieds. On connaît également ce trait

de la vie de Dante : plongé dans la lecture d'un livre, qu'il avait longtemps et vainement cherché, le poète ne s'aperçut point du tapage d'un bruyant cortège de noce qui passait devant la boutique où il se trouvait avec son livre. L'attention de notre imagination peut très souvent s'attacher avec tant de force à un ordre d'idées déterminé que tous les autres objets deviennent, pour elle, comme s'ils n'existaient pas.

C'est d'ailleurs ce qu'a dit Dante lui-même, dans sa *Divine Comédie* : « O imagination, qui parfois enlèves si fort l'homme à lui-même qu'il n'entende rien, encore qu'autour de lui résonnent mille trompettes » ![1]

Cela admis, il ne saurait y avoir rien d'inexplicable dans ce fait que l'hypnotisé, tout préoccupé des opérations de l'hypnotiseur, ne voit que lui seul, n'entend que sa seule voix. Son imagination l'isole à tel point du reste du monde que, dès le début de l'expérience, l'univers entier se réduit, pour lui, à la personne de son hypnotiseur. Les autres personnes qui l'entourent, ou qui surviennent ensuite, auront

[1] *Purgatorio*, XVII.

beau se montrer, auront beau discourir : le somnambule ne les verra, ni ne les entendra.

Cependant l'hypnotisme, par ses paroles et ses actes, provoque chez le sujet des impressions sensibles qui suscitent, dans son imagination, des images particulières, d'un ordre donné. Et l'imagination, à son tour, représente si vivement ces images à l'intelligence, que celle-ci les prend pour des réalités. Après quoi la volonté, affaiblie et dominée, se détermine naturellement à agir dans un sens correspondant.

Au moyen de cette succession de faits, l'hypnotisé en état de somnambulisme devient, entre les mains de son hypnotiseur, quelque chose comme un automate, jusqu'au point de réévoquer en lui, par une association inconsciente d'idées, même en état de veille et après un certain temps, une image déterminée, un sentiment vif, une passion impérieuse, un besoin factice, créés ou éveillés en lui, pendant le sommeil hypnotique, par le caprice d'un étranger. C'est ainsi qu'il se trouve conduit, presque fatalement, à exécuter en pleine veille les ordres les plus singuliers, qu'il ne se souvient plus d'avoir reçus, et qu'il tient pour un libre effet de sa propre activité mentale.

Et il me semble que la connaissance de cette succession de faits, parfaitement naturels et normaux, doit achever d'ôter toute apparence de mystère à ce fameux rapport exclusif entre l'hypnotisé et l'hypnotiseur qui, jadis, a particulièrement intrigué et émerveillé les adeptes du *magnétisme animal*. Ceux-ci, faute de se rendre compte de cette succession de faits, croyaient trouver, dans l'isolement mental du sujet hypnotisé, une preuve décisive de leur doctrine d'un fluide magnétique, émanant du magnétiseur et l'unissant, d'un lien intime et mystérieux, avec le magnétisé sur qui s'était versé le fluide. Mais la démonstration manquait trop évidemment de toute base solide, et s'appuyait sur une hypothèse que rien ne justifie.

4. — La suggestion, qui est un des phénomènes les plus surprenants de l'hypnotisme, se retrouve aussi, à l'état d'embryon, dans les conditions les plus normales de la vie. Il peut nous arriver souvent, même en pleine santé, qu'une idée, une pensée, nous ayant saisis très fortement, se fixe ensuite à tel point dans notre cerveau que, pendant plusieurs jours, elle y siège sans arrêt, se présentant devant notre esprit à propos

et hors de propos, au milieu des occupations les plus graves ou les plus frivoles. En outre, n'avons-nous point l'habitude de nous suggestionner véritablement, lorsque nous voulons nous souvenir de quelque chose par association d'idées ? En pensant à un ami, nous formons le projet de lui demander un renseignement, la première fois que nous le rencontrerons. Puis les semaines passent, sans que nous rencontrions notre ami ; et nous oublions tout à fait le renseignement à lui demander. Mais un jour, quand nous y songeons le moins, notre ami survient ; et voici que, tout de suite, reparaît en nous la pensée de la suggestion que nous nous sommes faite.

Il est vrai que, parfois, dans la suggestion hypnotique, le malade voit objectivement devant lui ce qui n'existe que dans son imagination : phénomène qui, d'ailleurs, n'est nullement caractéristique de l'hypnotisme, car la croyance à la réalité objective des hallucinations s'observe couramment dans les formes les plus diverses des maladies mentales. Mais, sauf cette différence, les suggestions même les plus singulières peuvent avoir lieu dans la vie normale, quand l'esprit est dominé par une pensée importante. Le soir, en nous couchant, nous nous inquiétons d'avoir à nous réveiller, le lendemain, à une certaine heure ; et voici que, le lendemain, à l'heure en question, contrairement à toute habitude, nous nous réveillons, sans savoir nous-mêmes comment ni pourquoi.

En réalité, la seule différence foncière qui existe entre les suggestions de la vie normale et celles de l'hypnotisme ne consiste que dans l'exagération, plus ou moins énorme, de celles-ci. Et cette exagération, à son tour, dépend de la vivacité plus grande avec laquelle l'imagination, dans le sommeil hypnotique, n'opérant que sur des régions isolées, subit l'impression de certaines images, qui ensuite, même en état de veille, continuent pendant un certain temps à prendre le pas sur toutes les autres.

5. — Quant au *dédoublement de la personnalité*, qui s'observe parfois dans l'hypnotisme, c'est là un fait que l'on observe également dans mainte forme de la folie, à un degré plus ou moins profond. Ce fait semble bien résulter d'une sorte de relâchement de la solidarité qui relie entre elles les diverses zones de l'écorce cérébrale. Mais, ici encore, d'ailleurs, un

embryon de ce phénomène se rencontre même à l'état de santé normale, dans le sommeil, durant les rêves. Combien de fois n'est-il pas arrivé à quelqu'un d'entre nous, de rêver qu'il était mort, et, avec cela, d'assister vivant à ses funérailles ? Combien de fois n'est-il pas arrivé à quelqu'un d'entre nous de rêver qu'il était devenu un personnage important qui, pour un certain motif, louait ou blâmait sa propre personne, de telle manière que celle-ci lui apparaissait véritablement dédoublée, divisée en deux sujets différents ?

Et ce que nous disons là du dédoublement de la personnalité peut se dire aussi, à plus forte raison, de cette *substitution de la personnalité*, qui fait que l'hypnotisé, comme aussi l'homme normal dans ses rêves, se croit transformé successivement en des personnes distinctes de celle qu'il est en réalité.

6. — La production de certains troubles organiques, telle qu'elle peut être provoquée par suggestion, constitue, assurément, un phénomène des plus étranges. Mais ce phénomène lui-même n'a rien d'inconcevable lorsqu'on songe combien sont grands et intimes, chez l'homme

vivant, les rapports entre le physique et le moral ; et lorsqu'on se rappelle, par exemple, comment les émotions de l'âme ont couramment pour effet d'activer les sécrétions de la sueur, de la salive, des urines, ou d'exagérer les mouvements intestinaux.

Il n'y a pas jusqu'au phénomène vraiment prodigieux de ce qu'on appelle la *transposition des sens* qui, si sa réalité est bien authentique, ne puisse trouver une certaine explication naturelle assez plausible dans l'exagération fonctionnelle morbide que, durant l'état hypnotique de somnambulisme, acquièrent telles fibres nerveuses et tels centres cérébraux correspondants, exagération qui leur permet de subir ou de percevoir des impressions infiniment ténues de rayons lumineux et d'effluves odorants, auxquelles ils sont absolument insensibles dans les conditions normales. En tout cas, nous observons, tous les jours, le fait opposé : tous les jours, nous voyons des fibres nerveuses et des centres cérébraux devenir absolument insensibles à toutes les impressions physiques que, dans les conditions normales, la nature les a destinés à subir et à percevoir.

7. — Il nous reste à dire quelques mots de ce don de parler des langues inconnues que l'on prétend avoir observé chez des hypnotisés. Si les faits que l'on raconte sur ce point sont exacts, nous déclarons qu'il sortent absolument du cercle de l'hypnotisme. Et quant au seul cas de ce genre dont la réalité nous ait été dûment prouvée, nous en avons une explication naturelle tout à fait suffisante. Une jeune fille presque illettrée, étant mise artificiellement en état d'hypnotisme, a commencé tout à coup à réciter un long passage de discours en langue latine, langue qu'elle ignorait certainement. Aussi la chose a-t-elle d'abord paru, à tous les spectateurs, tout à fait merveilleuse et incompréhensible. Mais bientôt l'on a appris que, plusieurs années auparavant, un oncle de cette jeune fille avait un jour récité ce même passage tout près de la chambre à coucher où elle se trouvait, étant alors malade. Ainsi, durant l'état hypnotique, la mémoire avait fait revivre, avec une exactitude et une vivacité extrêmes, dans l'imagination de la jeune fille, des paroles qu'elle n'avait entendues qu'une seule fois, longtemps auparavant. Mais comme, en entendant ces paroles, elle n'en avait

point compris le sens, elle continuait à ne pas le comprendre quand elle s'est mise à réciter ces paroles en état d'hypnotisme. C'est là un cas d'une exaltation temporaire de la mémoire dont l'histoire de la pathologie mentale nous offre maints autres exemples, en dehors de l'hypnotisme. L'un de ces exemples, notamment, est classique et se trouve rapporté dans de nombreux ouvrages de psychologie et de médecine. Un garçon boucher, durant un accès de manie, récitait des pages entières de la *Phèdre* de Racine. Dans sa convalescence, ensuite, il a déclaré n'avoir entendu cette tragédie qu'une seule fois ; et jamais, après sa guérison, quelque effort qu'il fît, il n'est plus parvenu à s'en rappeler un seul vers.

Nous avons dit déjà que, des formes diverses de la *clairvoyance*, aucune n'a jamais été pleinement reconnue chez les sujets en état d'hypnotisme. Mais si, quelque jour, la science arrive à constater vraiment un phénomène de ce genre, elle en trouvera une explication suffisante dans l'exagération et la perversion morbides des conditions physiques qui, dès aujourd'hui, nous permettent la vision à travers certains objets opaques, au moyen des rayons Rœntgen, ou la transmission des signes alphabétiques au moyen du télégraphe sans fil de notre compatriote Marconi.

Et un raisonnement analogue suffirait à expliquer, le cas échéant, la constatation que l'on ferait, chez les hypnotisés, de la propriété d'entendre à distance.

De toutes les considérations qu'on vient de lire nous nous croyons pleinement autorisé à conclure que, dans l'hypnotisme et dans ses manifestations, on ne doit pas voir autre chose que l'expression d'un état morbide cérébro-spinal, et que cet état n'a rien de si incompatible avec d'autres faits, déjà connus de la science, qu'il y ait lieu de le tenir pour contraire, ou pour supérieur, aux lois ordinaires de la physique biologique.

8. — L'état morbide particulier qui constitue l'hypnose peut être permanent ou transitoire. Dans l'un comme dans l'autre cas, cet état n'est pas toujours apparent et manifeste ; il lui arrive parfois d'exister d'une façon absolument latente. Lorsqu'elle est permanente, l'hypnose est toujours une véritable maladie, à tel point que plu-

sieurs savants de notre temps l'ont appelée, et non sans raison, « la maladie hypnotique ». Dans le second cas, si elle n'est pas proprement une maladie active, elle n'en constitue pas moins une forte prédisposition à certains troubles déterminés des centres nerveux.

Il est vrai que bon nombre de savants, ayant observé que trente pour cent des individus situés dans les conditions normales de la vie peuvent présenter des phénomènes hypnotiques, en ont conclu que l'hypnose pouvait se produire à des degrés variables, même chez les personnes le plus parfaitement saines [1].

Mais nous ne pouvons, quant à nous, souscrire à cette conclusion. D'abord, en effet, c'est chose sûre que les individus sains ne présentent des phénomènes hypnotiques que quand ils sont en proie à un certain trouble, ne serait-ce que passager, de la nutrition ou de la circulation cérébrale ; ou bien, quand ils sont déjà

---

[1] Liébault, *Du sommeil et des États analogues*, Paris et Nancy, 1886 ; *Étude sur le Zoomagnétisme*, Paris et Nancy, 1893 ; Bottey, *L'Hypnotisme chez les sujets sains*, Paris, 1884 ; Brémaud, *Des différentes phases de l'hypnotisme*, Soc. de Biologie, avril 1884 ; Skepto, *L'Hypnotisme et les Religions*, Paris et Bordeaux, 1888.

sous l'influence d'un état morbide du système nerveux. D'autre part, ceux qui se portent garants, aussi facilement, de la santé parfaite des sujets examinés par eux, oublient peut-être qu'il y a bien des altérations nerveuses qui peuvent coexister avec les apparences de santé les plus suffisantes, n'étant caractérisées que par des phénomènes cliniques si ténus et si légers qu'ils passent presque inaperçus des patients eux-mêmes. Ainsi, par exemple, l'épilepsie, qui parfois ne se manifeste que par un petit vertige momentané, par une sensation passagère d'étourdissement, et qui, chez ces malades, ne se montre sous ses formes graves que par exception, une seule fois, peut-être, au cours de toute une vie.

Pour nous, l'hypnose ne saurait jamais coexister avec un véritable état de santé. Les individus qui, tout en paraissant sains, présentent des phénomènes hypnotiques, doivent n'être sains qu'en apparence ; ou, tout au moins, avant de subir l'accès hypnotique, ils tombent en proie à un trouble nutritif ou circulatoire des centres nerveux, soit que ce trouble survienne spontanément, ou qu'il soit provoqué artificiellement d'une façon quelconque.

Les observateurs les plus expérimentés de l'hypnotisme partagent entièrement cette manière d'apprécier les faits[1]. Récemment encore, l'un d'eux, M. Hirsch, après avoir examiné un très grand nombre d'individus hypnotisables, assurait n'en avoir jamais rencontré un seul, parmi eux, qui pût être considéré comme parfaitement sain[2]. Suivant lui, l'opinion qui veut qu'un homme vraiment normal puisse présenter des phénomènes hypnotiques est une opinion absolument dénuée de tout fondement, théorique ou expérimental.

9. — Les statistiques font voir que, entre tous les sujets capables d'être hypnotisés, les sujets hystériques tiennent la première place. A ce fait général, l'observation clinique ajoute trois autres notions non moins importantes.

Elle nous apprend : 1° que les sujets hystériques sont les seuls chez qui l'hypnose puisse se produire sans excitations extérieures ; 2° que toute personne soumise à des accès répétés

---

[1] Paul Janet, *La suggestion dans l'hypnotisme. Revue Bleue*, 1884.

[2] *Die menschl. Verantwortlichkeit und die moderne Suggestionslehre*, Berlin, 1886.

d'hypnotisme ne tarde pas à se révéler hystérique ; 3° enfin que les causes principales qui provoquent l'hypnotisabilité sont aussi celles qui déterminent l'hystérie ; et parmi ces causes nous citerons surtout l'hérédité, le tempérament névropathique congénital, l'éducation faussée, les impressions morales très violentes, y compris celles que font naître les pratiques spirites, etc.

Tous ces faits nous porteraient volontiers à conclure que, d'une façon presque indubitable, l'hypnotisme n'est qu'une des nombreuses manifestations cliniques de l'état d'hystérie ; et cette conclusion se trouve pleinement d'accord avec le jugement qu'ont porté, sur la nature des phénomènes hypnotiques, aussi bien les premiers observateurs de ces phénomènes, comme Puységur, Faria, et Noizet, que la plupart des savants modernes les plus compétents qui ont écrit sur l'hypnotisme, depuis Braid et Azam jusqu'à Charcot, Pitres, et Richer.

Nous avons dit déjà, précédemment, que l'hypnotisme peut être spontané ou provoqué. Les personnes qui souffrent de l'hypnotisme spontané subissent avec une facilité particulière l'hypnotisme provoqué ; et cela parce que la moindre cause extérieure suffit, chez elles, à mettre en jeu l'activité morbide automatique des centres cérébraux dont dépendent les phénomènes hypnotiques. Mais nous devons ajouter aussi que, inversement, l'hypnotisme provoqué prépare les voies à l'hypnotisme spontané : soit que la provocation hypnotique donne la dernière impulsion à une tendance morbide congénitale, et qui, jusque-là, ne s'était pas encore déclarée en tant que maladie ; ou que la répétition de certains phénomènes morbides, dans un organisme mal équilibré, donne à celui-ci, pour ainsi dire, une mauvaise éducation, un penchant morbide que, sans cela, il n'aurait pas acquis.

De tout cela résulte que, entre l'hypnotisme spontané et l'hypnotisme artificiel ou provoqué, il n'y a pas une séparation nette et précise : de l'un de ces deux états, le passage se fait à l'autre insensiblement. Et cela seul suffirait à établir que les deux formes morbides ont une même nature, si nous ne le savions pas déjà par l'analyse de leurs manifestations cliniques.

10. — Les sujets chez qui se produit l'hypnotisme spontané sont appelés *sujets hypnotiques* ;

ceux chez qui peut se produire l'hypnotisme provoqué sont appelés *sujets hypnotisables*. Mais comme, le plus souvent, les sujets hypnotiques sont aussi hypnotisables, et que les sujets hypnotisables, presque toujours, finissent tôt ou tard par avoir des accès d'hypnotisme spontané, cette distinction n'est pas de celles où l'on s'attache beaucoup, dans la pratique ; et très souvent les deux dénominations s'emploient l'une pour l'autre indifféremment.

Au point de vue clinique, l'hypnotisme se révèle par des phénomènes déterminés, que nous connaissons déjà, et qui se produisent en accès, de fréquence et de durée diverses, séparés l'un de l'autre par des intervalles de calme plus ou moins réguliers.

Mais s'il est certain que l'état anormal du système nerveux se manifeste lorsque les phénomènes cliniques de l'hypnotisme sont en cours, il n'est pas moins certain qu'un état anormal existe, aussi, chez le sujet, pendant ces périodes intermédiaires de calme apparent. Même pendant ces périodes, le sujet ne se trouve pas dans des conditions physiologiques normales : même alors, son organisme réagit d'une façon tout à fait insolité sous les stimulants physiques et psychiques, intérieurs et extérieurs ; et la cause la plus insignifiante suffit à déterminer, de nouveau, l'apparition des phénomènes caractéristiques de l'état morbide de l'hypnose. De la même manière que, chez un épileptique, dans l'intervalle des attaques, les cliniciens s'accordent à juger que les centres nerveux restent dans des conditions morbides, notamment lorsque persistent quelques vestiges de l'attaque ou des attaques passées ; de la même façon, dans l'intervalle des crises hypnotiques, surtout si celles-ci sont fréquentes, et laissent derrière elles quelques traces, on doit tenir pour malade le système nerveux de tout sujet qui présente les phénomènes cliniques de l'hypnotisme.

CHAPITRE VI

NATURE DES MANIFESTATIONS DU SPIRITISME

1. — Quant au spiritisme, on ne peut pas l'étudier d'un peu près sans être frappé de certains faits, qu'il faut maintenant que nous indiquions brièvement.

Tout d'abord, c'est chose bien prouvée que le spiritisme a été importé, chez nous, de pays où le déséquilibre mental, l'excentricité, l'amour du merveilleux, sont plus communs que partout ailleurs. L'Amérique, l'Angleterre, et la France tiennent incontestablement le premier rang, parmi ces pays, sans doute en raison de la vie particulièrement active et fiévreuse de leurs habitants.

A cela s'ajoute que les médiums, provocateurs ou intermédiaires des phénomènes spirites, sont tous, plus ou moins, des déséquilibrés et des névropathes. Ils ressemblent beaucoup aux devins, aux porteurs d'oracles, et aux Sibylles de l'antiquité ; et c'est tout à fait heureusement que les Anglais définissent leur état d'activité sous le nom de *transe*, qui signifie passage à une condition d'être différente, et qui donne à entendre que, dans cette condition, les médiums sont inconscients, envahis d'une force supérieure, et donc, par cela même, malades et irresponsables.

Mais ce n'est pas tout. L'histoire du spiritisme nous présente une phase d'évolution progressive, qui ne s'accorde guère avec la franchise simple et droite que sembleraient devoir présenter les manifestations d'êtres supérieurs. En effet, les esprits ont commencé d'abord par se manifester au moyen de bruits ; puis est venue la production de phénomènes mécaniques ou biologiques, suivie, à son tour, de la correspondance écrite ou parlée ; celle-ci, d'abord, ne s'est faite qu'avec le secours des médiums ; puis elle s'est faite directement ; et enfin ont eu lieu les apparitions et les matérialisations. Encore ces deux phénomènes, jusqu'aux expériences de Crookes, se sont-ils montrés absolument réfractaires à la photographie, tandis que, plus tard, Crookes lui-même et une foule d'autres ont pu obtenir des prétendus esprits qu'ils se laissassent fixer et reproduire par la photographie. Il y a, dans tout cela, quelque chose d'étrange. On dirait que les esprits ont eu à apprendre, eux-mêmes, les moyens de se manifester, et à se perfectionner dans l'usage de ces moyens. A moins que, toutefois, ces esprits aient cru habile de ne se manifester que peu à peu, pour tenir en haleine la curiosité des hommes, pour ne pas frapper d'épouvante les cœurs timides, pour ne pas affoler notre monde par l'extraordinaire quantité des prodiges dont ils sont capables.

Non moins surprenante est la facilité avec laquelle les esprits savent adapter leurs goûts à ceux de leurs dévots sectateurs. On dirait que, de la même façon qu'autrefois la pythonisse, dans ses oracles, prenait parti pour le roi Philippe, de même aujourd'hui les esprits partagent les opinions que professent ceux qui les consultent : étant pieux avec les personnes pieuses ; tendres et sentimentaux avec les âmes aimantes ; politiques avec les politiciens ; positifs et pratiques avec les hommes d'affaires ; savants avec qui aime la science ; gais avec les bons vivants ;

vulgaires et grossiers avec le vulgaire. C'est ainsi, qu'en Angleterre les esprits sont volontiers sceptiques, précis, avisés ; en Allemagne, mystiques, spéculatifs, transcendantaux ; en France, libertins, généreux, frivoles, farceurs. Aux États-Unis, ils sont d'ordinaire positifs, dogmatiques, audacieux, et proclament la doctrine de la métempsychose ; tandis qu'ailleurs, et notamment chez nous, en Italie, ils se déclarent panthéistes, athées, matérialistes. Chez les Mormons, ils approuvent et encouragent la polygamie. En Russie, ils célèbrent la religion orthodoxe, ou bien, au contraire, font l'éloge de la propagande nihiliste. En Espagne, ils émettent le vœu que toutes les sociétés spirites s'unissent et s'incorporent à la franc-maçonnerie, en assurant que le spiritisme et la franc-maçonnerie ont le même objet, les mêmes principes, et que leur doctrine repose sur les mêmes maximes fondamentales. Il n'y a guère, vraiment, qu'un seul point où tous les esprits se montrent d'accord : dans tous les pays, toujours, ils s'accordent à blâmer la religion catholique, et il n'y a point de mal qu'ils n'en disent, chaque fois qu'ils ont l'occasion d'en parler.

En présence de tous ces faits, on en arrive naturellement à se demander si le spiritisme ne serait pas ou bien le résultat d'hallucinations et d'illusions, ou encore d'impostures et de mystifications.

Et le fait est que bien des savants ont cru pouvoir expliquer les manifestations singulières du spiritisme par l'une ou par l'autre de ces deux hypothèses.

2. — Mais nous, après avoir étudié comme nous l'avons fait les phénomènes du spiritisme, pouvons-nous admettre que tout, dans ces phénomènes, se réduise à des hallucinations et à des illusions ?

Non, sans aucun doute, nous ne pouvons pas l'admettre. Il serait trop absurde d'admettre que tant de faits, que s'accordent à nous raconter tant d'écrivains, — de toutes les époques, depuis l'antiquité la plus reculée jusqu'à nos jours, et de tous les pays, depuis les plus barbares jusqu'aux plus civilisés, — relativement au commerce possible des vivants avec des êtres immatériels, que tout cela ne soit absolument que le produit de cerveaux malades. Il n'est point croyable, en vérité, que, sur un point aussi important, des hommes éminents de tous les temps et de tous les pays aient eu des illusions ou des hallucinations du même genre, formées plus ou moins sur le même modèle. Et il ne serait pas moins absurde d'admettre que, depuis plus d'un demi-siècle, un nombre énorme de personnes, presque nos contemporains, dans des régions diverses, à des âges divers, parmi des conditions personnelles diverses, et avec des degrés divers de culture mentale, soient tombées en proie à un même genre d'hallucinations et d'illusions par rapport à la répétition constante de certains faits. Que si, entre ceux qui s'occupent de spiritisme, prévaut grandement le nombre des névropathes, cela signifie seulement que les sujets de cette catégorie sont plus portés que d'autres à rechercher le merveilleux ; et cela signifie aussi, malheureusement, que des phénomènes prodigieux, lorsqu'ils sont observés par des esprits non préparés à certaines surprises, peuvent avoir pour résultat un dérangement du système nerveux, même chez des sujets suffisamment sains. C'est ainsi que le professeur Lombroso, avec tout son scepticisme, après avoir assisté à une séance spirite d'Eusapia Paladino, fut forcé de dire à des amis : « Maintenant il faut que je m'en aille d'ici, parce que je sens que je deviendrais fou. J'ai besoin de me reposer l'esprit[1] ! »

En outre, le déplacement de meubles transportés d'un endroit à l'autre, d'une maison à l'autre, déplacement constaté par des personnes survenues lorsque l'expérience était déjà terminée, ou bien au lendemain d'une séance, n'est-ce point là une preuve indubitable que, dans les phénomènes spirites, tout ne peut pas se réduire à des illusions ou à des hallucinations ?

Et puis enfin comment admettrait-on que puissent devenir victimes d'illusions ou d'hallucinations ces appareils physiques enregistreurs avec lesquels Crookes a constaté la réalité des faits qu'il observait ; ou encore comment admettrait-on que l'illusion ait atteint les plaques photographiques sur lesquelles Crookes a cherché à reproduire certains phénomènes, et qui, d'abord, tantôt acceptaient, tantôt refusaient de se montrer sensibles aux impressions lumineuses reflétées par les apparitions spirites évoquées ?

Tout en admettant que l'illusion et l'halluci-

---

[1] *Osservatore Cattolico*, 23-24 septembre 1892.

nation puissent expliquer maints épisodes isolés du spiritisme, il est bien certain que ces deux faits pathologiques ne sauraient suffire à nous donner la clef de tout l'ensemble de phénomènes qui constitue le spiritisme.

3. — L'hypothèse de l'illusion et de l'hallucination se trouvant ainsi éliminée, au moins pour une partie des faits du spiritisme, nous en venons à nous demander si cette partie des faits susdits, celle qui ne peut pas s'expliquer par l'illusion et l'hallucination, ne pourrait pas être entièrement le résultat de la supercherie.

Mais nous avons touché déjà à cette question, en décrivant les phénomènes spirites, et laissé entendre que, à notre avis, l'hypothèse de la supercherie est contredite, sur bien des points, autant par le caractère même des faits que par la qualité des témoins qui nous les ont rapportés.

Notre opinion sur ce sujet s'accorde avec celle du professeur Charles Richet, lorsqu'il écrit que c'est chose inadmissible que « des personnes distinguées, occupant une position scientifique et sociale éminente, et d'une moralité au-dessus de tout soupçon, se soient donné le mot, dans toutes les parties du monde, pour raconter des faits mensongers, et pour répandre effrontément des impostures, sans aucun intérêt ni profit quelconque »[1].

Il est inadmissible, en tout cas, que tous les témoins des prodiges spirites aient été des imposteurs, ayant expressément l'intention de nous tromper.

Si la supercherie joue un rôle dans le spiritisme, ce rôle ne peut consister que dans les moyens employés par certains individus, et notamment par les médiums, avec une intention de lucre ou de quelque autre avantage, pour tromper jusqu'aux témoins les plus prudents de leurs expériences, et pour produire artificiellement les prétendues merveilles d'un pseudo-spiritisme.

Et il est, en effet, indéniable que le spiritisme se prête beaucoup, et bien plus encore que l'hypnotisme, aux fraudes et à l'imposture : surtout lorsque ces manifestations s'accomplissent en présence de personnes ignorantes, ou disposées d'avance à tenir pour vraies les mystifica-

[1] *Revue philosophique*, septembre 1895.

tions les plus grossières et les singularités les plus invraisemblables.

Il est également indéniable que, chez les représentants les plus zélés du spiritisme, la tentation doit souvent avoir été grande de tirer un profit intéressé d'un ordre de faits tel que celui-là. Nous sommes très portés à croire que, lorsque le nombre des médiums a commencé à se multiplier, plusieurs de ces médiums auront voulu se constituer sur les autres une suprématie, soit qu'ils aient pensé y avoir droit à titre d'antériorité, ou simplement qu'ils aient estimé cette suprématie utile pour leurs affaires personnelles. Et si, pour acquérir ou pour conserver cette suprématie, ces médiums ont vu qu'il était indispensable pour eux de recourir, plus ou moins, à la supercherie, il n'est pas improbable qu'ils y aient eu recours, plus ou moins abondamment ; surtout ceux d'entre eux qui, étant les plus renommés, savaient qu'ils pouvaient le mieux compter sur la fascination morale exercée par eux sur les témoins de leurs expériences.

4. — Pour démontrer qu'il en a été vraiment ainsi, les négateurs du spiritisme ont relevé ce fait que, en maints endroits, de bruyantes

manifestations spirites se sont immédiatement interrompues dès l'instant où les autorités publiques se sont mêlées de les surveiller.

De même encore, on a vu souvent des prodiges spirites s'arrêter lorsque la scène où se produisaient ces prodiges a été entourée d'un contrôle spécial, ou bien lorsque l'on a éloigné d'une localité telle personne que l'on soupçonnait d'être l'auteur principal des phénomènes observés.

C'est ainsi que, déjà, en ce qui concerne les sœurs Fox, la voix publique, *dans certains endroits, sur la fin de leur carrière*, a cru pouvoir les accuser d'artifice. Le fameux médium Douglas Home, sur le déclin de son apostolat spirite, devenu riche par son mariage avec une riche Anglaise, a dévoilé *quelques-uns* des artifices employés par lui dans ses évocations des morts : il l'a fait, nous dit-on, en présence du journaliste Eugène Guinot, du chansonnier Nadaud, et du général Baraguay d'Hilliers. On dit encore qu'un prestidigitateur des plus habiles, Robert Houdin, a démontré que les prodiges des frères Davenport étaient, *en grande partie*, des tours de prestidigitation. Enfin un procès jugé à Paris, en juin 1875, aurait établi que c'était par une supercherie des plus vulgaires que le photographe Buguet avait fait croire à une foule de naïfs qu'il pouvait photographier les ombres de leurs parents ou amis défunts.

Mais il ne faut pas oublier que, d'abord, les interruptions susdites des manifestations du spiritisme ont eu lieu quand on a modifié ou bouleversé violemment les conditions indispensables à leur production; en second lieu, que les accusations de fraude portées contre *certains* médiums, non seulement ne concernaient qu'un *petit nombre* de faits particuliers, mais ont été lancées et admises sans un contrôle scientifique suffisant pour leur donner une autorité décisive. Au lieu de profiter de l'occasion favorable pour étudier à fond certains phénomènes singuliers, peut-être aura-t-on cru plus commode et plus opportun de faire le silence sur tout cela, en s'arrangeant pour que la presse se trouvât forcée de ne plus s'occuper de faits de ce genre, en discréditant tout de suite le spiritisme par une série d'informations inexactes, contradictoires, dénuées de toute authenticité sérieuse.

Nous devons ajouter que, notamment, le célèbre procès intenté au photographe Buguet nous semble bien avoir été, lui-même, une mystification inqualifiable. Nous ne parlons pas seulement de l'idée ridicule et extravagante que l'on a eue de mettre les procédés de Buguet à la charge des Jésuites : mais si, des dépositions des témoins, résultait que plusieurs fois Buguet avait eu recours à la fraude, il en résultait aussi que, bien d'autres fois, il avait opéré en toute loyauté. De plus, il ne nous paraît point que ce procès ait été engagé avec l'intention de connaître la vérité tout entière : car, tandis que, pendant les débats, on a fait voir aux témoins les appareils avec lesquels on prétendait que Buguet les avait trompés, jamais on n'a invité le photographe à reproduire, en présence de ses victimes, ses opérations supposées trompeuses. Et enfin il n'est pas impossible que l'on ait extorqué à Buguet, contre son gré, l'aveu de ses fraudes : car, trois mois après sa condamnation à Paris, il a envoyé de Belgique au ministre de la justice de France une rétractation solennelle de ses aveux, rédigée en présence du chancelier de la légation française de Bruxelles.

Toute cette affaire aurait à être revue soigneusement, à la lumière des faits nouveaux révélés par les expériences scientifiques de ces dernières années.

5. — De nos jours, on a fait grand bruit de la découverte des supercheries spirites du célèbre médium Harry Bastian, découverte faite par les archiducs Jean et Rodolphe d'Autriche. Ces archiducs, désirant connaître personnellement les phénomènes spirites, qu'ils tenaient pour de simples tours de passe-passe, ont invité à Vienne le médium Bastian, dans l'hiver de 1884. Là, le 17 et le 30 janvier, Bastian a donné, en présence des archiducs, deux séances, qui ont fait naître dans leurs esprits les plus graves soupçons. Les deux princes ont alors demandé au médium une troisième séance, qui a été fixée au 11 février de la même année. Leur intention était de surprendre, sur le fait, les manœuvres du médium, et de reconnaître si celles-ci étaient bien les impostures de prestidigitateur qu'ils soupçonnaient. Ils ont donc disposé les choses de façon à pouvoir fermer à l'improviste, au moyen d'un mécanisme caché, la porte du cabinet où le médium prétendait reposer, en état de

transe magnétique, pendant que les esprits faisaient leurs apparitions. Le soir de l'expérience, voici que s'entendent les bruits, que se voient les étincelles, et voici que viennent enfin les matérialisations, qui étaient surtout le fort de Bastian. A l'instant où une figure blanche sort du seuil du cabinet, où Bastian doit se trouver endormi sur un canapé, et où les deux archiducs l'ont vu étendu une minute auparavant, soudain les archiducs tirent vivement les cordons qui doivent faire agir le mécanisme préparé : les battants de la porte du cabinet se ferment bruyamment derrière le fantôme, lui barrant toute retraite. Le fantôme, surpris, cherche à ouvrir de force la porte ainsi fermée : mais en vain. Les deux archiducs s'élancent sur lui, le dépouillent de sa robe blanche ; et tous les assistants découvrent que ce fantôme n'est autre que le médium lui-même, Harry Bastian. Alors celui-ci, se voyant démasqué, commence à trembler comme une feuille, si bien que les princes, émus de pitié, le rassurent doucement, en lui déclarant qu'on ne lui fera aucun mal. Mais procès-verbal de la découverte fut aussitôt rédigé, et signé par tous les assistants de cette divertissante séance ; et, peu après, une relation des faits fut écrite, dans l'intérêt public, par l'archiduc Jean, relation qui ne tarda pas à être traduite dans toutes les langues.

Des exemples tels que celui-là suffiraient à prouver, si une chose aussi certaine avait besoin d'être prouvée, que, parmi les phénomènes merveilleux du spiritisme, se trouvent mêlées, en très grand nombre, des supercheries plus ou moins habiles.

Mais, même dans ce cas de Bastian, nous devons bien noter que la découverte de la plus coupable des fraudes n'en laisse pas moins à l'état de mystère la question de savoir comment le médium a pu se procurer certains renseignements intimes et secrets, relatifs à la famille des deux archiducs, et dont la révélation a rempli ceux-ci d'une surprise mêlée de déplaisir.

6. — Certains savants qui ont examiné quelques phénomènes particuliers du spiritisme en ont conclu que, à côté des illusions, des hallucinations, et de la supercherie volontaire, il y a aussi, dans les opérations spirites, des supercheries inconscientes, accomplies par les médiums en pleine bonne foi, et sans que ceux-ci

se rendissent compte de la façon dont naissaient les merveilles qu'ils produisaient eux-mêmes artificiellement. Ces supercheries inconscientes porteraient surtout sur les bruits et les coups attribués aux esprits, et sur la rotation des meubles.

Pour ce qui est des bruits et des coups, le Dr Augustin Flint, professeur à l'Université de Buffalo, et le professeur italien Maurice Schiff, de Florence, ont démontré que certains bruits sourds, ressemblant fort à des coups de marteau secs et étouffés, pouvaient résulter de la contraction rapide de certains muscles, contraction que ne révèle aucun mouvement extérieur du corps. Les contractions de ce genre peuvent aussi être produites volontairement, dans des muscles isolés. Quand elles sont spontanées, elles se produisent plus spécialement dans le muscle longo-latéral du péroné, dont le tendon, en frappant contre la surface osseuse du péroné, détermine des bruits assez forts pour pouvoir être entendus à une certaine distance. Le Dr Schiff, qui était parvenu à se rendre très habile dans ce singulier exercice, faisait entendre à volonté des bruits réguliers et successifs. Pendant qu'il exécutait ces mouvements, il se tenait debout, ou restait étendu sur une chaise longue, ayant le pied chaussé ou découvert : mais si quelqu'un appliquait la main sur la malléole du pied, il sentait et reconnaissait les contractions du muscle péroné longo-latéral. Le 18 avril 1859, le Dr Schiff a démontré sur lui-même, devant l'Académie des Sciences de Paris, le mécanisme du phénomène que nous venons de décrire.

Depuis cette communication de Schiff, il a été constaté dans la clinique que le phénomène en question peut être produit aussi bien involontairement que volontairement. J'ai eu moi-même l'occasion d'observer, en 1873, dans la clinique du professeur Louis Concato, à Bologne, une jeune fille atteinte de chorée, qui, par une contraction rythmique involontaire du muscle péroné longo-latéral, donnait lieu automatiquement à des bruits sourds, rapprochés et équidistants, pendant tout le temps qu'elle était en état de veille : dans le sommeil, tout cessait, parce que, ainsi que cela arrive toujours dans la chorée, cessaient aussi les mouvements rythmiques involontaires des muscles. Et le professeur Concato, en nous présentant ce cas, ne manquait point de nous rappeler l'interprétation attribuée par Schiff à certains bruits que l'on prétendait provenir des esprits.

D'autres travaux, notamment ceux de Velpeau et de Cloquet, ont établi aussi que des bruits analogues, résultant du même mécanisme, pouvaient se produire dans d'autres parties du corps, les épaules, les hanches, les coudes, le côté interne des pieds, et même dans la région lombaire de la colonne vertébrale. Le Dr Augustin Flint, de son côté, a affirmé, mais sans en donner de preuves, qu'il avait surpris le même mécanisme comme étant l'origine des bruits, soi-disant surnaturels, que faisaient entendre les premiers médiums américains, les sœurs Fox, de Rochester.

Si des bruits spéciaux peuvent être produits de cette façon sans que l'on en ait conscience, rien de plus logique que d'admettre, à côté des supercheries spirites accomplies volontairement, d'autres supercheries non seulement involontaires, mais même inconscientes ; et ce serait surtout celles-là qui, dit-on, auraient conduit les spirites de bonne foi à mettre au compte des esprits ce qui n'est, en réalité, qu'une singularité biologique, souvent involontaire et inaperçue.

7. — Pour ce qui est des voix que l'on entend souvent dans les séances spirites, les négateurs du spiritisme admettent comme prouvée la possibilité que le médium lui-même, ou quelqu'un de ses compères, soit ventriloque. On sait, en effet, que les ventriloques peuvent, tout en ayant l'air de rester silencieux, faire entendre des voix mystérieuses dont les auditeurs ignorent d'où elles sortent, mais qui sortent simplement de leur gorge, à leur volonté, et qui sont produites par un mécanisme physiologique particulier qui n'a pas encore été entièrement élucidé.

Quant aux tables tournantes et sautantes, les négateurs du spiritisme admettent que, parmi les personnes formant la *chaîne* médiummitique, il s'en trouve toujours au moins une qui, par suite de l'attention prolongée qu'elle simpose et de son vif désir du phénomène attendu, tombe, du moins momentanément, en état d'hypnose. Dans cet état, sans avoir conscience de ses actes, et sans penser à rien autre qu'à son idée fixe de la rotation du meuble, elle imprime inconsciemment au meuble le mouvement attendu, avec cette force considérable qu'acquièrent souvent les sujets hypnotisés. Puis, aussitôt que le meuble a commencé à se mouvoir, les autres personnes qui forment la *chaîne*, inconsciemment aussi, aident au mouvement, en croyant le suivre. Cependant la personne qui a été la cause involontaire du phénomène ne tarde pas à reprendre sa conscience ; et, n'ayant aucun souvenir de l'acte accompli par elle en état d'hypnose, elle ignore que c'est elle-même qui a mis la table en mouvement, et, de la meilleure foi du monde, rejette toute accusation de supercherie émise aussi bien contre elle que contre le médium.

Ainsi ces phénomènes des tables tournantes ne seraient, non plus, suivant certains savants, que des supercheries involontaires et inconscientes, mais, au total, des supercheries.

C'est à ces conclusions qu'a abouti, dans un rapport présenté en mars 1876 à la Société Physique de l'Université de Saint-Pétersbourg, une commission nommée par cette Société pour examiner et expliquer les phénomènes spirites. Après avoir nié la réalité d'un grand nombre des phénomènes décrits par les spirites, la commission en a expliqué d'autres par des illusions ou des hallucinations, ou des artifices de prestidigitation ; pour quelques autres, elle a admis la possibilité d'une imposture involontaire et inconsciente ; et pour les tables tournantes, en particulier, elle s'est arrêtée à l'explication que nous venons de rapporter.

9. — Mais pouvons-nous acquiescer pleinement à ce verdict, émis par une réunion d'hommes de haute valeur, et infiniment respectables à tous égards ? A mon avis, nous ne le pouvons pas. Nous ne pouvons pas oublier, d'abord, que des conclusions négatives du même genre ont été proclamées, autrefois, par les personnalités scientifiques les plus hautes, lorsqu'il s'est agi d'examiner la réalité, aujourd'hui absolument incontestable, des phénomènes hypnotiques. Dans des rapports très soigneusement élaborés, qui se sont conservés jusqu'à nous, et parmi lesquels nous citerons notamment ceux de Bailly en 1784, de Dubois d'Amiens en 1837, et de Double en 1840, les phénomènes hypnotiques ont été déclarés ou bien inexistants, ou bien résultant de la supercherie. Et cependant l'hypnotisme a suivi sa voie, pour s'affirmer enfin, de nos jours, comme l'une des conquêtes scientifiques les plus importantes. Pareillement,

la Société Royale des Sciences de Londres n'a-t-elle pas accueilli avec dédain les lettres sur l'électricité que lui présentait Benjamin Franklin, au point de les juger indignes de figurer dans les actes de ses séances ? Et Robert Fulton, en 1802, n'a-t-il pas vu les savants français repousser comme absurde l'idée d'appliquer la force motrice de la vapeur à la navigation ?

10. — Pour ce qui est des phénomènes spirites, il nous paraît manifeste que si, plus d'une fois, et surtout dans certains cas où ces phénomènes avaient un caractère d'exhibition bruyante, ils ont été produits à l'aide d'artifices de prestidigitation plus ou moins habiles, cela ne suffit point pour que nous soyons autorisés à conclure qu'il doit en être de même, indistinctement, dans tous les cas. N'est-ce point une fatalité des choses humaines que, dans toutes ces choses, il se mêle toujours une part d'illusion et une part de fraude ? La médecine, elle aussi, a ses charlatans ; la science a ses faux apôtres ; les banques voient souvent falsifier leurs titres de crédit. Mais parce que, dans tout cela, se rencontrent des altérations de la vérité, en conclurons-nous que tout y est faux ?

Une déduction de ce genre serait d'autant plus illogique et inadmissible, sur la question du spiritisme, que, dans un très grand nombre de cas, les phénomènes spirites se produisent à l'aide de médiums ignorants, naïfs, et parfois d'une imbécillité avérée.

Et que si, parmi ceux qui se sont occupés de spiritisme, quelques-uns ont cherché à en tirer un profit matériel, ou à transformer les expériences en un jeu de société pour surprendre les spectateurs, il est bien certain que l'on ne saurait affirmer la même chose du plus grand nombre de ces millions de personnes qui pratiquent aujourd'hui familièrement le spiritisme, et qui le tiennent très sincèrement pour une manifestation vénérable et sacrée.

Pour établir cette affirmation, il nous suffira de rappeler que, jusqu'ici, personne n'a osé traiter de supercherie les phénomènes spirites observés, et contrôlés expérimentalement, par Crookes, avec l'aide de ses médiums. Personne n'a sérieusement accusé de supercherie les apparitions observées par d'éminents savants anglais et français, ni les révélations décrites, de divers côtés, sous le nom de *télépathie*.

Enfin le comte Adolphe Poninski, dans une conférence publiée en 1882, nous apprend que le célèbre matérialiste Buchner a dû renoncer à la prime de 10.000 dollars, offerte par une société américaine à quiconque serait capable de démontrer l'inexistence ou le caractère frauduleux de certains phénomènes spirites. De la même façon, d'ailleurs, le professeur Jean Damiani ayant offert une somme de 30.000 francs aux savants anglais Tyndall et Lewes, s'ils réussissaient à prouver la fausseté des phénomènes spirites décrits par lui, les deux savants, mis au pied du mur, ont préférer abandonner le terrain.

11. — Après cela, il faut observer que toutes les relations publiées sur les fameuses découvertes des fraudes de certains médiums ne concernent jamais que *quelques-unes* des nombreuses expériences de ces médiums ; de tout le reste des expériences, les rapports ne soufflent pas mot. Encore n'est-ce pas tout : les explications qui nous sont données de ces fraudes sont, le plus souvent, très insuffisantes ; elles nous indiquent, comme étant la cause des phénomènes spirites, toute sorte de procédés absolument

incapables de produire ces phénomènes. Ainsi pour nous en tenir à un seul exemple, aucune des relations publiées ne nous permet de comprendre comment Eusapia Paladino, sans nul appareil, et tandis qu'on la tenait par les mains et par les pieds, étendue sur un divan, a pu, en présence de la société anglaise des Recherches Psychiques, faire sonner divers instruments, pincer des personnes à l'autre bout d'une chambre, secouer les rideaux des fenêtres, ou soulever des meubles très lourds : tous phénomènes qu'ont attestés des écrivains anglais négateurs du spiritisme. Ces écrivains ont dit seulement qu'Eusapia, par une adroite contorsion d'une de ses mains et d'un de ses pieds, parvenait à faire croire aux personnes qui la retenaient qu'elle avait les deux mains et les deux pieds tenus, tandis qu'en réalité ces personnes ne lui tenaient qu'une main et un pied. Il n'est guère croyable, en vérité, qu'elle ait pu faire tomber dans un piège aussi grossier des personnes aussi prudentes et avisées que celles en présence de qui elle opérait ; mais en admettant même qu'elle y ait réussi, encore n'avait-elle à sa disposition qu'une main et un pied : or, pour accomplir les choses surprenantes qu'elle accomplissait, il est impossible que la liberté d'une main et d'un pied lui ait suffi. Pour accomplir ces prodiges, à elle seule, il aurait fallu qu'elle disposât des cent bras de Briarée, ou que, tout au moins, ses membres pussent alternativement s'allonger et se raccourcir comme les tentacules de la poulpe. Quelle confiance pouvons-nous accorder, dans ces conditions, à certaines démonstrations de découvertes de fraudes ?

12. — Au reste, il y a des phénomènes spirites, dûment constatés, que ne saurait reproduire aucun artifice de prestidigitation, aucune supercherie. Un prestidigitateur français des plus adroits, M. J., a formellement déclaré qu'il lui était impossible de concevoir que l'adresse et l'ingéniosité, même poussées à leurs dernières limites, parvinssent à reproduire plusieurs des effets merveilleux du spiritisme. Et M. Bellachini, prestidigitateur de la cour de Berlin, de son côté, déclare qu'il est absolument insensé de soutenir que l'art de la prestidigitation réussisse à imiter une grande partie des phénomènes spirites.

13. — Ajoutons encore que, tandis que l'on a

beaucoup parlé de la possibilité de reproduire les phénomènes spirites par des artifices de prestidigitation, personne n'a jamais indiqué quels pouvaient être ces artifices. Mais, d'ailleurs, est-il croyable que, parmi tant de personnes initiées aux mystères spirites, aucune n'ait jamais senti un dégoût de tant de supercheries, et n'ait jamais eu la tentation de tout révéler au public? Est-il croyable que pas un de ces nombreux initiés n'ait jamais songé que de telles révélations pourraient lui procurer une bonne source de revenus ; ou bien, si quelques-uns y ont songé, qu'ils aient écarté la tentation de gagner ainsi, honnêtement, de l'argent, au lieu de continuer à le gagner honteusement par la fraude? Récemment, des personnages comme Léo Taxil, Margiotta, et d'autres, pour gagner de l'argent, n'ont pas craint d'édifier des supercheries énormes, en offrant au bon public de prétendues révélations sur les mystères de la franc-maçonnerie. Comment pas un de ceux qui sont au courant des secrets et des fraudes spirites n'a-t-il point pensé à faire des révélations sincères, alors que ces révélations lui auraient infailliblement valu non seulement la renommée et l'argent, mais l'approbation de tous les gens honnêtes ?

Et puis enfin est-il croyable que les nombreuses personnes qui se livrent aux pratiques spirites dans l'intimité, en famille, est-il croyable que ces personnes veuillent se duper soi-même, en recourant à des mécanismes et à des artifices pour obtenir des effets qu'elles attribuent aux esprits, tandis qu'elles savent que ces effets sont le produit de leur volonté, obtenus au moyen d'expédients qui n'ont rien de mystérieux ni de surnaturel ? Et est-il croyable que ces personnes, lorsqu'elles désirent interroger respectueusement l'esprit d'un parent ou d'un ami défunt, consentent à se moquer d'elles-mêmes avec ces réponses embrouillées, stupides, grossières, obscènes, et hors de propos, qui, d'après l'affirmation de tous les spirites, se mêlent très souvent aux réponses sérieuses des prétendus esprits ? Cela me paraît si absurde que cette seule considération me suffirait pour affirmer qu'il ne me paraît point possible de tenir tous les phénomènes du spiritisme pour de simples produits de la supercherie, des fraudes des médiums et de leurs compères.

14. — Quant à ce que l'on dit de la supercherie,

plus ou moins consciente, des coups spirites produits par des contractions musculaires, je dois déclarer que, ayant eu moi-même l'occasion d'observer ces bruits musculaires, dans la clinique du professeur Concato, j'ai toujours entendu là des bruits si sourds et si étouffés que je ne vois pas qu'on puisse les confondre avec ces « coups de marteau » nets et distincts qui, dans les séances spirites, jaillissent des tables, des murs, des meubles, etc.

J'ajouterai que, si même on admettait que ces bruits ont pour causes les contractions rythmiques, volontaires ou non, d'un muscle, il resterait toujours à expliquer comment, tandis que le médium se tient à une même place, les coups s'entendent tantôt à droite, tantôt à gauche, semblent sortir tantôt du plancher et tantôt du plafond. Ceux qui prétendent tout expliquer disent bien que, dans la demi-obscurité, c'est chose facile de changer la direction de la provenance des bruits. Mais je n'ai pas besoin de faire remarquer tout ce que cette explication a d'invraisemblable, surtout quand il s'agit d'un phénomène qui se prolonge pendant un certain temps.

D'ailleurs, les séances spirites se font aujourd'hui dans tous les coins du monde, et il n'y en a point de si simple où ne se produisent les bruits en question : tandis que le nombre est extrêmement restreint des personnes qui présentent le phénomène singulier des contractions rythmiques.

Dira-t-on que, peut-être, l'aptitude à ces contractions s'acquiert à volonté par suggestion ? Une telle hypothèse est encore bien loin d'être démontrée. En outre, la suggestion ne peut servir qu'à faire obtenir ce que l'on connaît déjà : et, par suite, si l'aptitude aux contractions rythmiques pouvait être obtenue par suggestion, cela présupposerait la connaissance de leur mécanisme physiologique; et, ainsi, il n'y aurait plus à prétendre que les bruits spirites puissent être jamais ni involontaires, ni inconscients.

Enfin, dans les séances où ces bruits semblent venir de côtés différents d'une chambre, il faudrait admettre que bon nombre des assistants sont des médiums, capables d'une auto-suggestion inconsciente : tandis qu'il est bien rare de trouver, dans une séance, plus d'un seul médium.

15. — Plus vaine encore est l'hypothèse qui

explique les voix spirites par l'intervention de médiums ou d'autres sujets ventriloques. Une telle hypothèse paraîtra forcément inadmissible à ceux qui savent, d'abord, combien est rare le nombre des ventriloques, et ensuite qu'aucun ventriloque ne peut produire simultanément des voix diverses, de timbres divers, provenant de points différents et même opposés d'une chambre, ainsi que cela a lieu souvent dans les assemblées spirites.

16. — Pour ce qui est des explications que l'on a données de la rotation des tables, j'avoue que je les trouve absolument puériles, et indignes de ceux qui les ont formulées. En fait, ces explications ne sont que des paroles en l'air, et qui, à mon avis, ne correspondent à rien de positif.

Si même elles étaient vraies, d'abord, elles n'auraient de valeur que pour les expériences où la table se meut pendant que les spectateurs continuent à y appuyer les mains : tandis que l'on voit souvent les tables continuer à se mouvoir lorsque personne ne les touche, à l'exception peut-être du seul médium.

De plus, les explications susdites sont d'une fausseté manifeste : car tous les assistants des séances spirites s'accordent à reconnaître que jamais ils n'ont eu la sensation de pousser ni de suivre la table, mais qu'ils ont été entraînés par elle, sans pouvoir en détacher leurs mains, même en voulant les détacher, tout ainsi qu'il arrive lorsqu'on tient en mains les réophores d'une machine magnéto-électrique en action, et que, même en le voulant, on ne parvient pas à ouvrir les mains pour les laisser tomber. Une autre preuve, encore plus directe, de la fausseté de l'hypothèse en question nous est fournie par une expérience de Crookes : ce savant et d'autres témoins ont vu plusieurs fois se mouvoir et se soulever de terre une table pesante lorsque la *chaîne* était faite par une couronne de chaises placées en cercle autour de la table, avec le siège tourné en dehors, et sans que personne absolument touchât à la table.

Au reste, cette hypothèse d'impulsions légères données, frauduleusement ou inconsciemment, aux tables tournantes, dans un état d'hypnose momentanée, ne saurait évidemment s'appliquer aux expériences que l'on fait souvent avec des tables très lourdes, surmontées en outre de poids également très lourds, et qui se trouvent ainsi dans l'impossibilité complète d'être mues, poussées, soulevées, par les forces d'une seule personne, et bien moins encore par la force d'une seule main, ou d'un seul pied.

Les conclusions de la commission nommée par la Société Physique de l'Université de Pétersbourg, en dernier lieu, ne nous semblent vraiment pas pouvoir être prises au sérieux, attendu que, d'abord, les expériences dont elles ont été déduites ont été pratiquées avec des préventions ouvertement hostiles contre deux savants, Wagner et Butlerof, qui s'étaient déclarés adeptes du spiritisme ; attendu que, en second lieu, les médiums choisis ne se sont trouvés ni très bien doués, ni même d'une loyauté indubitable ; attendu que, en troisième lieu, les expériences n'ont pas été exécutées dans les formes, ni avec l'étendue, requises, — les membres de la commission ayant renoncé à les poursuivre, dès l'insuccès des premières épreuves ; et attendu que, enfin, contre ces expériences et les conclusions déduites d'elles, se sont élevées aussitôt de graves protestations de la part de nombreux savants, dont plusieurs, comme V. Markof, étaient cependant opposés au spiritisme : protestations que la commission a laissées sans l'ombre d'une réponse.

Aux explications signalées plus haut, nous devons ajouter celle qu'on a prétendu donner des écrits spirites. On a dit qu'un état inconscient d'hypnose pouvait rendre compte de certaines communications écrites, en caractères différents, par la main d'un même médium. La substitution de la personnalité, opérée par suggestion, a-t-on dit, peut fort bien changer la manière d'écrire, comme elle change souvent la manière de parler. Charcot a cité un cas d'écriture inconsciente en état d'hypnose. Et la même explication a été invoquée pour interpréter le cas de ces écritures que certains médiums ont trouvées sur des feuilles de papier qu'ils avaient enfermées, blanches, dans un tiroir. On a prétendu que ces médiums avaient, eux-mêmes, à leur insu, écrit sur les feuilles, dans un accès de somnambulisme.

Nous répondrons d'abord à cela que l'hypothèse de l'écriture inconsciente ne s'applique pas aux cas assez fréquents où les écrits spirites contiennent des notions ignorées du médium ; par exemple lorsque des médiums notoirement illettrés écrivent des pages entières dans des langues qui leur sont inconnues.

Mais, au reste, de quel poids peuvent être ces hypothèses d'un état hypnotique, ou encore d'une supercherie voulue, lorsque l'on voit, en présence de vingt personnes, un morceau de craie qui se meut de lui-même, ou le bâtonnet qui, sans que personne y touche, écrit sur le sable, ou encore une ardoise qui, placée entre deux plaques de marbre ou de cristal, se charge d'écritures, tandis que l'on a la preuve que personne n'y a mis la main? De quel poids peuvent être ces hypothèses pour expliquer des écritures produites par deux personnes distantes l'une de l'autre, écritures dont chacune, isolément, ne paraît avoir aucun sens, et qui, confrontées entre elles, se complètent le mieux du monde?

17. — Enfin si, parmi les faits innombrables du spiritisme, il y en a beaucoup dont on a pu essayer de prouver qu'ils étaient le produit de la supercherie, ou de quelque phénomène physiologique involontaire et inconscient, il y en a d'autres, et d'une réalité incontestable, qui ne sauraient s'expliquer par aucune tromperie, par aucun art ni aucune science.

Ces faits, assurément, ne sont pas très nombreux. Ils sont même plutôt rares, relativement au grand nombre des personnes qui se livrent aux pratiques du spiritisme : encore que ce ne soit point tous les jours que l'on rencontre de vrais et sérieux médiums. Peut-être ces faits ne représentent-ils qu'une très petite partie des phénomènes que l'on veut attribuer au spiritisme. Poussons à l'extrême limite nos concessions aux sceptiques : accordons-leur que, parmi les prodiges opérés à l'aide des médiums vrais, consciencieux, et de bonne foi, même dans les circonstances les plus favorables, c'est à peine si la dixième partie, la vingtième partie, relève réellement du spiritisme ! Mais la question du nombre, ici, ne saurait avoir aucune influence sur la question de la nature des phénomènes spirites. Si même il n'y avait jamais eu qu'un seul phénomène spirite vraiment original et authentique, la constatation de ce seul phénomène suffirait pour laisser ouvert le problème de sa nature et de son origine. Or, j'affirme que la critique moderne la plus sévère, celle qu'on appelle aujourd'hui *l'hypercritique*, ne peut pas nier l'existence d'un certain nombre, si petit qu'il soit, de véritables phénomènes spirites, à moins qu'elle refuse d'être logique et sincère, en accord avec ses méthodes générales d'investigation, à moins qu'elle préfère fermer les yeux à la pleine lumière du soleil.

Et, ce sont précisément ces faits authentiques, si rares et si peu nombreux qu'on les voudra, qui constituent le spiritisme moderne, et qui exigent de nous que nous examinions le problème de leur nature.

18. — Pour ce qui est de la nature de ces phénomènes, la science est contrainte à déclarer que non seulement ils sont supérieurs, mais même absolument contraires aux lois les plus générales et les mieux connues de la nature cosmique. Et, en effet, la prédiction exacte de certains événements futurs, étrangers à la personne qui prédit, et dépendant de faits éminemment contingents; la reproduction exacte de l'écriture de personnes mortes depuis longtemps, reproduction obtenue sans entraînement ni préparation préalables; la révélation des détails d'un fait, détails entièrement inconnus des personnes présentes, et reconnus ensuite parfaitement vrais; la connaissance, acquise brusquement, de

langues dont, jusque-là, on ignorait même l'existence, et que l'on se remet à ignorer, dès que l'accès est fini ; la propriété de locomotion automatique qu'acquièrent à l'improviste, pour quelque temps, les meubles d'une chambre ; les changements soudains de poids qu'assument temporairement des objets ; la production d'étincelles, de flammèches, de sons, sans l'aide d'appareils générateurs d'aucune sorte ; le soulèvement spontané de corps pesants, nonobstant leur pesanteur, et la propriété qu'ils revêtent de s'incliner et de se maintenir dans cette position penchée, en dehors du centre ordinaire de gravité statique : tous ces faits, dont l'existence réelle a été observée au moins une fois dans des conditions d'authenticité indubitable, tous ces faits sont tels qu'il n'y a pas un homme de bon sens qui ne soit forcé de les tenir non seulement pour supérieurs, mais bien pour contraires aux lois les plus communes de la nature, biologique, psychologique, ou physique.

Et de cela résulte cette conséquence, que, dans les phénomènes spirites, nous sommes obligés de voir des manifestations d'ordre préternaturel. En vain nous voudrions nier a priori, en vain nous tenterions de combattre à posteriori ce caractère anormal des faits du spiritisme : chassé par la porte, il rentre par la fenêtre. On pourra bien, si l'on veut, restreindre son champ d'action : mais jamais on ne pourra le supprimer entièrement. Le surnaturel, en vérité, même quand nous le nions en paroles, toujours nous le sentons en nous, autour de nous, au-dessus de nous, de tous côtés. Et le spiritisme nous démontre, de la façon la plus incontestable que l'on puisse désirer, la réalité de ce surnaturel que le rationalisme et le matérialisme s'efforcent obstinément, depuis des siècles, mais toujours vainement, d'écarter et d'exterminer. Et, — humiliation singulière infligée à la superbe humaine par la justice divine! — voici qu'il se trouve même que ceux qui, le plus assidûment, ont combattu le surnaturel sous sa forme belle et noble, dans les choses de la religion, sont parmi les premiers à devoir le reconnaître, sous sa forme la plus basse et la plus abjecte, dans les phénomènes du spiritisme !

Peut-être quelqu'un dira-t-il que l'activité et l'énergie des forces cosmiques que nous connaissons déjà peuvent être neutralisées ou modifiées par l'intervention d'autres forces physiques encore ignorées aujourd'hui, mais dont l'origine et la nature se révéleront à nous dans un avenir plus ou moins prochain.

Nous ne voulons pas nier qu'une telle hypothèse soit parmi les possibilités admissibles, au moins pour quelques faits particuliers, et notamment pour ces faits de *télépathie* qui se réduisent, en somme, à une simple vision à distance, comme dans le cas de Swedenborg, que nous avons rapporté plus haut d'après le témoignage de Kant. Mais nous devons ajouter que la possibilité d'une hypothèse de ce genre, si même elle existait pour *certains* des phénomènes étranges du spiritisme, ne saurait, en tout cas, exister pour *tous* ces phénomènes. Il nous paraît absolument insensé d'admettre, par exemple, la possibilité qu'il y ait une *loi naturelle* qui permette à des esprits, ou à des êtres intelligents quelconques d'ordre étranger à l'humanité, d'entrer en rapport et en communication avec les êtres vivants de l'espèce humaine par l'intermédiaire d'un minéral, d'une plante, ou d'un meuble. Il nous paraît insensé d'admettre que l'on fasse jamais rentrer dans *l'ordre natu-*

rel des choses la propriété, acquise par certains objets inanimés, de parler spontanément diverses langues, au moyen de signes alphabétiques conventionnels, et de traiter ainsi des sujets les plus abstrus comme docteurs en chaire. Absurde encore la possibilité que ce soit *naturellement* que des écritures se forment de soi-même, sans crayon, sans plume et sans encre, sur des feuilles de papier enfermées entre des plaques de verre, sous les yeux d'une dizaine de spectateurs attentifs et défiants. Absurde la possibilité qu'un être vivant, conformément à une *loi naturelle*, se trouve, au même moment, en deux endroits éloignés. Absurde qu'une *loi de la nature* soit jamais découverte en vertu de laquelle il est possible à des personnes mortes depuis longtemps d'expédier, de l'autre monde, des lettres sur leurs affaires posthumes, et d'exprimer leurs jugements, dans ces lettres, avec les caractères calligraphiques qui leur étaient propres de leur vivant, et cela sur la simple invitation du premier badaud qui, par curiosité, s'amuse à les déranger dans leur repos funèbre. Absurde enfin l'hypothèse que l'on découvre jamais que c'est simplement *en vertu de forces naturelles* que les morts peuvent revenir, pour un moment, sur terre et se « matérialiser », comme disent les spirites, tantôt d'une manière seulement visible, et tantôt même d'une manière parfaitement tangible et palpable.

19. — A quoi devons-nous donc rapporter ces phénomènes ? A quelle force pourrons-nous les attribuer ?

A ces questions la réponse doit venir des philosophes et des théologiens, mais non pas des savants ni des médecins.

Nous dirons toutefois que quelques-uns ont cru trancher la difficulté en attribuant tout l'ensemble des faits spirites à des illusions plus ou moins inconscientes de cerveaux malades, en se fondant sur les analogies singulières qu'offrent *certains* phénomènes spirites avec certains autres phénomènes qui relèvent de la pathologie mentale. Mais ceux qui émettent cet avis ne considèrent point qu'un *grand nombre* des manifestations extraordinaires du spiritisme concernent des faits purement physiques, qui modifient les conditions naturelles d'objets ou d'instruments matériels, sans aucune intervention de l'intelligence ni de la volonté humaine.

D'autres se plaisent à expliquer les phénomènes du spiritisme par des émanations fluidiques ou dynamiques qui se dégagent, volontairement ou non, de certains sujets vivants, placés dans certaines conditions spéciales d'esprit et de corps. Mais jamais encore personne n'a réussi à produire la démonstration logique, même la plus indirecte, de la réalité de ces prétendues émanations.

William Crookes, et d'autres avec lui, ont cru trouver la solution du problème dans une idée semblable à celle qu'avait jadis énoncée saint Augustin au sujet des miracles, lorsqu'il disait que ceux-ci s'accomplissent non pas *contrairement aux lois* de la nature, mais *contrairement à la connaissance* que nous avons, et pouvons avoir, de ces lois [1]. De la même façon, les savants susdits expliquent tout au moyen de la « relativité des connaissances humaines », qui signifie que, notre constitution physique et psychique étant ce qu'elle est, il nous est impossible de connaître exactement ce qui nous entoure [2]. Ainsi,

---

[1] *De Gen. ad Litt.*, livre VI, chap. XIII; *De Civit. Dei*, livre XXI, chap. VIII.

[2] *Revue Scientifique*, 15 mai 1897.

d'après eux, il existerait, dans la nature, des forces occultes qui, peut-être, devraient nous rester éternellement inconnues, faute pour nous de posséder les sens et les facultés nécessaires à leur perception. Ces forces occultes, supérieures et peut-être contraires à maintes des forces naturelles connues de nous, ne manifesteraient leurs effets singuliers que dans des circonstances spéciales et déterminées, encore impossibles à préciser, pour nous, jusqu'à présent ; et, dans ces circonstances, elles opéreraient d'une manière inusitée, au-dessus de nous et autour de nous, bouleversant le cours habituel des choses qui nous concernent. Mais une telle doctrine se heurte contre le fait, inséparable d'elle, de qualités que nous aurions à attribuer à des forces physiques inanimées, si occultes et extraordinaires que nous les supposions.

A considérer l'effort d'intelligence, de volonté, d'affections et de passions, qui caractérise indéniablement bon nombre des phénomènes singuliers dont nous nous occupons, il n'y a logiquement rien d'inadmissible à concevoir, plutôt, comme étant la cause de ces phénomènes, des êtres immatériels, qui, par le moyen de ces phénomènes, nous attestent et nous prouvent leur existence.

Dans toute la création *animée*, il y a, entre les êtres, une hiérarchie qui part des formes les plus élémentaires pour s'élever jusqu'à l'homme. Qui donc oserait dire que la création s'arrête à notre monde sensible ? Et, au contraire, les incessantes découvertes scientifiques, même du seul ordre physique, ne tendent-elles point à nous faire apparaître, tous les jours plus évidemment, l'absurdité d'une telle conclusion ?

Non, notre raison ne répugne point à admettre, et la philosophie ne nous défend point de croire que, au-dessus de l'homme, dans la série des êtres créés, existent d'autres êtres, plus intelligents que lui, ou doués d'un pouvoir physique supérieur, et qui, à leur tour, sont ordonnés hiérarchiquement, formant une série de plus en plus parfaite, pour aboutir enfin à un Être d'une perfection absolue, le plus intelligent de tous et le plus puissant, origine, raison, et fin de toutes choses. C'est à ces êtres que, dans notre pauvre langage humain, nous attribuons le nom *d'esprits*, comme si nous voulions les comparer à l'air et aux gaz, parce que, de la même façon que l'air et que les gaz, ils échappent à la perception de nos sens, mais surtout des deux sens de la vue et du toucher.

Or, puisque l'homme peut agir sur ceux des êtres créés qui lui sont inférieurs hiérarchiquement, ne serait-il point possible que, en thèse générale, des êtres supérieurs à lui, — et spécialement lorsqu'il les appelle, les invoque, les prie, — agissent sur lui et sur les choses qui l'intéressent? Et cette action, même, — toujours en thèse générale, — n'est-elle point probable au suprême degré?

Dira-t-on qu'il est absurde que ces êtres, supérieurs à l'homme dans la hiérarchie de la création, daignent s'émouvoir de l'invocation de l'homme? Mais est-ce que l'homme lui-même ne s'émeut point de l'invocation que lui adressent, dans leur langage muet, en cas de besoin ou de danger, des animaux inférieurs à lui? Est-ce que, aux cris d'un chien attaqué par un loup, l'homme n'accourt pas pour défendre la victime qui implore son aide? Est-ce que, plus bas dans l'échelle des êtres, on n'a pas vu une colombe sauvant du péril de la submersion, au moyen d'un fétu de paille, une fourmi tombée dans une pièce d'eau?

Ou bien dira-t-on que tout rapport est impossible entre l'homme et des êtres supérieurs à lui, simplement, parce que l'homme, dans les conditions ordinaires, est hors d'état de percevoir l'existence d'êtres supérieurs à lui ? Ou bien encore dira-t-on que ces êtres doivent rester sourds aux prières et invocations de l'homme, simplement, parce que celui-ci ne connaît ni leur nature intime, ni le degré de leur puissance ?

Mais est-ce que, dans les conditions ordinaires, l'homme voit et sent ces êtres infiniment petits, les microcoques, les bacilles, les fungus, les algues, qui entretiennent avec lui des rapports continuels, et souvent fâcheux pour lui, ces êtres dont, jusqu'à une date toute voisine de nous, il ne soupçonnait pas même l'existence, et qui, aujourd'hui encore, peuvent à peine être rendus visibles par d'énormes agrandissements microscopiques, associés à d'ingénieux artifices de coloration ? Est-ce que, peut-être, l'homme connaît la nature biologique intime de ces êtres ? Et eux, à leur tour, est-ce qu'ils connaissent l'homme, ou en comprennent l'existence et la nature intime ? Et pourtant est-ce que l'homme n'intervient pas dans les conditions de leur existence, par exemple pour rechercher l'influence qu'ils ont sur l'origine de maintes maladies, et pour étudier leur antagonisme biologique réciproque ?

Dira-t-on qu'il est inadmissible que, parmi les êtres vivants supérieurs à l'homme, il s'en trouve à la fois de bons et de méchants ? Mais est-ce que toute la création sensible n'est pas, précisément, un mélange de choses bonnes et de choses mauvaises, du moins au sens relatif ? Et pourquoi donc ne pourrait-il pas en être de même, du moins jusqu'à une certaine limite, parmi les êtres du monde supra-sensible ?

La relativité des connaissances humaines, sous l'abri de laquelle Crookes et d'autres tentent de se réfugier pour éluder la question essentielle du spiritisme, non seulement ne vaut pas à exclure, mais contribue même à rendre encore plus acceptable l'existence de ces êtres supérieurs dont l'illustre physicien anglais a analysé les manifestations objectives par des procédés mécaniques ingénieux, avec toute sa conscience et sa précision ordinaires. Certes, étant ce que nous sommes, nous ne pouvons avoir, de ces êtres, une connaissance directe et immédiate :

mais notre ignorance ne saurait nous autoriser à nier logiquement l'existence de ces êtres, sous l'unique prétexte qu'il nous est impossible de les connaître, directement et immédiatement, par les moyens sensoriels et psychiques dont nous disposons aujourd'hui. Et lorsque nous nous trouvons en face de manifestations sensibles qui ne peuvent pas être attribuées à des forces physiques brutes inconnues, attendu qu'elles portent l'empreinte manifeste de l'intelligence et de la volonté, du sentiment et de la passion, est-ce que nous n'avons pas le droit d'admettre l'existence d'êtres supérieurs de ce genre, existence démontrée par une foule de faits constatés avec toute la rigueur de nos meilleures méthodes expérimentales, et cela tandis que nous savons que la *relativité de nos connaissances* est l'unique cause qui nous empêche d'avoir, de ces êtres, la pleine connaissance que nous désirerions ?

Mais, d'autre part, est-il croyable que des êtres hiérarchiquement supérieurs à l'homme soient toujours tenus d'obéir aux appels de l'homme ? Est-il croyable que la Divinité leur permette d'entrer aussi aisément en rapports avec l'homme, de l'entretenir des vérités qui lui sont les plus chères, et lors même que l'homme qui les invoque se trouve être l'un des ennemis les plus acharnés de la Divinité? Est-il croyable que, par une telle permission, la Divinité veuille assurer, aux badauds qui s'amusent à évoquer les esprits, une condition privilégiée relativement à ceux qui, avec une passion loyale et sincère, recherchent la vérité dans les sciences ou dans la révélation?

A ces questions nous ne sommes certainement pas en état de répondre. Mais l'objection qu'elles soulèvent ne peut suffire à détruire tous les faits qui nous démontrent la réalité des rapports entre l'homme et des êtres supérieurs à lui.

Pour ce qui regarde la Divinité, en particulier, il ne nous est point permis d'oser scruter ses voies, de discuter ses desseins providentiels, de demander le pourquoi du secret de ses commandements.

Et puis, est-il absolument vrai de dire que, en autorisant des rapports faciles entre des êtres immatériels supérieurs et ceux qui les invoquent, la Divinité constitue, à ces derniers, une sorte de condition privilégiée par rapport à ceux qui ne veulent s'appuyer que sur les vérités révélées par la science ou par la foi ? Pour notre compte, nous le nions formellement. L'histoire est pleine de récits d'apparitions qui, certes, ont été permises par la Divinité, pour encourager, avertir, ou réconforter, ceux qui, étant des croyants, se tiennent à l'écart des évocations spirites. Et les spirites eux-mêmes, de leur côté, nous avouent de quelle punition terrible la Divinité les frappe, quand ils nous révèlent toutes les erreurs et toutes les folies que les esprits leur enseignent, particulièrement en fait de morale et de religion. Qui donc osera dire que ce soit là une condition privilégiée ?

Nous l'oserons d'autant moins, quant à nous, que, très vraisemblablement, il nous paraît que ce ne sauraient être des esprits d'élite, ni même simplement de vraies âmes de morts, qui consentent à répondre et à se montrer aux hommes, lorsque ces réponses et ces apparitions ont lieu, non pas sur un ordre exceptionnel de Dieu, mais simplement sur la requête de quelques oisifs plus ou moins curieux de sensations nouvelles.

Mais, dira-t-on, si ce sont vraiment des esprits qui se manifestent par les phénomènes singuliers que nous avons décrits, comment se fait-il que jamais le spiritisme n'ait pu servir à éclaircir un mystère historique, à résoudre une difficulté linguistique, à découvrir un document utile caché quelque part, à trancher un problème scientifique, à révéler un remède efficace, à prédire, d'une façon avantageuse pour nous, un évenement futur ? La réponse à tout cela nous paraît facile. Il nous semble évident d'admettre que les idées d'une âme passée à une autre vie, ou bien d'un esprit qui assume le rôle d'une telle âme, ne peuvent pas être, en soi, supérieures à ce que la nature et la culture de chaque individu a eu à lui fournir. Qui voudrait croire ou supposer que, après la mort, l'esprit d'un sot puisse égaler, en fait d'intelligence et de connaissance, l'esprit d'un Aristote, d'un saint Augustin, d'un Dante, ou d'un Galilée ? Et, du reste, aucun esprit ne saurait avoir la permission de se manifester en dehors des limites qui lui sont fixées.

20. — On ne manquera point de nous dire que, en considérant ainsi le spiritisme, nous en arrivons à l'identifier avec la magie et la nécromancie des temps passés.

En effet, et nous ne cherchons pas à le nier. Entre la magie et la nécromancie d'autrefois, et le spiritisme d'aujourd'hui, nous ne trouvons aucune différence essentielle ; et la ressemblance que nous découvrons entre eux nous porte à les tenir pour absolument identiques. Magie, nécromancie, et spiritisme sont pour nous une seule et même chose. Et que si, dans le passé, la magie et la nécromancie se sont accompagnées de maintes illusions, hallucinations, et impostures, c'est simplement parce que, alors, le spiritisme n'avait pas encore été bien distingué de l'hypnotisme et des sciences occultes ; de même que, d'ailleurs, aujourd'hui encore, il est souvent confondu avec certains phénomènes hypnotiques, ou avec certaines fraudes et supercheries, que l'on a trop volontiers l'habitude d'associer à lui.

Et quant à ceux à qui nos conclusions déplairaient, nous leurs ferions observer que notre intention n'est nullement de les imposer à qui que ce soit ; mais que c'est simplement la logique qui, après un examen consciencieux et impartial des faits, nous les a imposées, d'abord, à nous-mêmes, comme il nous paraît qu'elle les imposera à quiconque ne voudra point, de parti pris, fermer les yeux à la lumière de la vérité.

CHAPITRE VII

LES EFFETS DE L'HYPNOTISME ET DU SPIRITISME

1. — Les effets possibles des pratiques hypnotiques et spirites peuvent être considérés au point de vue social et au point de vue individuel.

2. — Au point de vue social, l'hypnotisme présente de très graves dangers, non seulement parce qu'il multiplie énormément le nombre des névropathes par imitation, mais aussi parce que l'on peut user et abuser de lui au détriment des intérêts réciproques de l'individu et de la société. Car, d'abord, lorsqu'on met un individu en état de léthargie ou de catalepsie, on l'expose à devenir victime, irrésistiblement, des passions ou des convoitises d'autrui. Bien des délits de toute sorte ont été commis par des sujets chez qui l'on

avait provoqué l'état de léthargie ou de catalepsie. En outre, lorsqu'on met un sujet en état de somnambulisme, et qu'on lui fait subir une suggestion, on peut, de cette façon, troubler la paix d'une famille, susciter des rancunes ou des haines implacables, contraindre le sujet hypnotisé à des actes injustes, donations, testaments, acceptations et reconnaissances de dettes inexistantes, remises de dettes réelles, fausses déclarations de paternité, émancipations de mineurs, promesses de mariage, dénonciations mensongères, témoignages inexacts; comme aussi à l'accomplissement d'actes criminels, assassinats et empoisonnements, infanticides, incendies, attentats politiques, confessions apparemment spontanées de forfaits commis par d'autres, etc.

Et que si, maintes fois, les habitudes bonnes et morales du sujet dans l'état de veille rendent inefficace, chez lui, la suggestion hypnotique, cela ne diminue en rien la responsabilité de ceux qui veulent se servir de l'hypnotisme pour ce genre de suggestions.

Il est vrai que, dans bien des cas, il n'est point difficile à la justice de découvrir la genèse d'un acte qui, dans toute autre hypothèse que celle de l'hypnotisme, apparaîtrait surprenant et inexplicable.

Lorsque l'on connaît les relations de l'individu en cause avec des personnes qui s'occupent, plus ou moins notoirement, de pratiques hypnotiques ; lorsque l'on connaît sa bonne conduite antérieure et sa condition névropathique; et lorsqu'on tient compte, avec cela, de cette grande maxime juridique, *is fecit cui prodest*, il est d'ordinaire très suffisamment possible d'établir de quelle façon les choses ont dû se passer dans la réalité.

Ou bien, si les recherches que nous venons d'indiquer laissent quelque doute, on pourra essayer de mettre de nouveau l'individu en état d'hypnose, et d'obtenir de lui des éclaircissements qui permettront de commencer d'autres recherches plus fructueuses.

3. — C'est là un des rares effets utiles que peut avoir l'hypnotisme, au point de vue social. Il peut, dans certains cas, aider la justice publique à rechercher et à découvrir la vérité, soit en permettant de constater si un individu est ou non hypnotisable, ou bien en permettant d'obtenir, d'un individu hypnotisable, et déjà

hypnotisé précédemment, certaines lumières que, dans sa condition normale, il serait absolument incapable de fournir. En effet, nous avons dit déjà que, bien souvent, un sujet qui a commis un acte illégal en état d'hypnose, quand ensuite il revient à l'état de veille, n'a plus aucun souvenir ni aucune conscience de ce qu'il a fait ; mais que, si on le remet en état d'hypnose, il retrouve souvenir et conscience de son acte [1].

Encore les renseignements ainsi obtenus ne pourront-ils jamais être admis comme de véritables éléments de preuve : car il sera toujours possible de supposer qu'ils n'ont été que le produit d'une hallucination, auquel cas ils ne sauraient servir à démontrer la vérité. Aussi ne pourra-t-on les utiliser que pour provoquer et diriger de nouvelles recherches, aboutissant à des éléments de preuve plus positifs, et d'une valeur plus indubitable. Que si l'hypnotisé avait reçu, de son hypnotiseur, l'ordre de tout taire ou de tout nier, il suffirait que la personne qui remettrait ce sujet en état d'hypnose

---

[1] Voyez ci-dessus, p. 92.

feignît d'assumer la personnalité de celui que l'on soupçonne avoir été le premier hypnotiseur, et levât la défense de parler, ou l'ordre de tout nier. Ce très simple artifice contraindrait bientôt le sujet à avouer des choses que, sans cela, il aurait été absolument incapable de se rappeler ni de révéler.

Dans des circonstances analogues, l'hypnotisme peut aider à défendre et à disculper l'innocence, lorsqu'un individu, en état de somnambulisme spontané, a accompli à bonne fin une action qui se trouve être délictueuse. En état de veille, ce sujet, ayant oublié tout ce qu'il a fait pendant l'accès hypnotique, n'aura aucun moyen de se justifier; et c'est en vain qu'il protestera d'être tout à fait étranger aux faits en discussion ; mais, remis en état de somnambulisme au moyen de l'hypnose, de nouveau il se rappellera tout, et sera capable de se justifier. Ainsi l'hypnotisme aura révélé un innocent là où les recherches ordinaires démontreraient un coupable.

Récemment, une jeune servante, en état de somnambulisme spontané, a caché les bijoux de sa maîtresse dans un endroit qu'elle s'est imaginé être plus sûr que leur cachette ordinaire. Revenue à l'état de veille, elle ne sait plus rien des bijoux disparus : elle est accusée de vol, et mise en prison. Heureusement le médecin de la prison reconnaît qu'elle est somnambule, et provoque chez elle un accès d'hypnose, au cours duquel il lui demande où sont les bijoux disparus. La jeune fille répond qu'ils sont dans l'appartement de sa maîtresse, dans tel meuble, fermé de telle clef, et que c'est elle-même qui les y a placés pour plus de sûreté. On fait venir le juge ; on renouvelle devant lui l'expérience, que, d'abord, il accueille avec une méfiance assez naturelle ; mais il ne s'en décide pas moins à faire les recherches, et celles-ci justifient pleinement l'exactitude de tout ce qu'a affirmé la jeune servante. La pauvre fille est donc remise en liberté, et son honnête maîtresse s'excuse, auprès d'elle, de l'avoir accusée injustement.

On a déjà beaucoup discuté sur l'introduction de l'hypnotisme devant les tribunaux et dans la pratique judiciaire. Relativement aux cas que nous venons d'énoncer, il est manifeste que l'on ne saurait faire difficulté d'accueillir l'hypnotisme, tout au moins comme un moyen de supprimer certains obstacles capables d'entraver certaines opérations de la justice. En fait, dans les cas de ce genre, le magistrat ne se sert point de l'hypnotisme pour arracher au prévenu des aveux contre sa volonté, ni pour obtenir des déclarations destinées à être employées comme éléments de preuve : il s'en sert uniquement pour éliminer une suggestion possible qui empêcherait la personne en cause de dire des choses que, sans cela, elle aurait consenti à dire ; ou bien encore pour avoir certains éclaircissements capables d'aider la justice à rechercher des éléments de preuve utiles et valables. Dans ces limites, l'hypnotisme peut parfaitement être autorisé en pratique judiciaire ; et c'est bien à tort que son introduction a été parfois combattue, d'une façon générale, sans aucune restriction.

Mais il est certain, d'autre part, que l'hypnotisme ne saurait être introduit devant les tribunaux pour arracher aux prévenus des aveux et déclarations involontaires : car ce serait là attenter à la volonté et à la liberté individuelles, comme aussi s'exposer à obtenir souvent des confessions mensongères. On ne saurait, non plus, admettre l'emploi de l'hypnotisme pour découvrir des choses cachées, des délits ignorés du sujet hypnotisé, ni pour découvrir des objets disparus ou dérobés : car recourir à de tels moyens serait faire usage de procédés absolument immoraux, et, de plus, absolument inefficaces, l'hypnotisme n'étant point capable de donner à personne une *clairvoyance* anormale. Et comme l'intérêt, ou encore l'hallucination, pourraient se mêler à l'affaire, on risquerait fort d'obtenir ainsi des indications fausses, qui n'aboutiraient qu'à tromper et à fourvoyer la justice.

Donc, pour ce qui est de l'admission de l'hypnotisme devant les tribunaux, il convient de distinguer suivant les cas : l'hypnotisme peut et doit être admis dans certains cas, il est inadmissible dans d'autres, d'après la différence des faits eux-mêmes, et celle de l'objet que l'on a en vue.

J'ajouterai que, depuis quelque temps, la presse médicale indique un autre avantage social de l'hypnotisme : celui-ci, dit-on, pourrait souvent servir à corriger certaines tendances fâcheuses ou dépravées, chez certains individus déséquilibrés. C'est ainsi que, à l'hôpital de la Salpêtrière, le Dr Voisin a réussi, au moyen de la suggestion hypnotique, à faire en sorte qu'une femme voleuse et d'un caractère insupportable se transformât en une personne honnête, douce et de bonne conduite. Suivant l'exemple du Dr Voisin, le Dr Liébault, au moyen de la suggestion hypnotique, est parvenu à rendre studieux et discipliné un jeune collégien qui était, jusque-là, intraitable, désordonné, paresseux, et négligent[1].

4. — Enfin la possibilité de provoquer, chez certains sujets, des états extatiques, de les faire passer à volonté en léthargie, ou en somnambulisme, de les soumettre aux suggestions les plus folles, cette possibilité peut parfois devenir un moyen précieux pour distinguer une condition purement morbide d'une véritable condition d'extase, privilégiée, et expressément issue de la volonté divine : car le fait est que l'on ne saurait admettre que Dieu accorde au caprice du premier venu les dons extraordinaires dont il lui plaît parfois de favoriser une âme d'élection.

---

[1] *Policlinico*, Suppl. 1897, n° 36, p. 905.

5. — Au point de vue individuel, l'hypnotisme, en pratique, est presque toujours funeste ; et c'est à peine si, dans quelques cas très rares, il peut avoir une utilité, d'ailleurs plus ou moins discutable.

Il est funeste pour la santé physique, et pour la santé morale. Pour la santé physique, parce qu'il réveille les névroses latentes ; parce qu'il épuise l'activité cérébro-spinale ; parce qu'il accoutume de plus en plus le sujet à l'état hypnotique ; parce que, dans cet état, le sujet peut être exposé à des chutes dangereuses, à des brûlures, à toute sorte d'accidents ; et parce que les hallucinations, fréquentes chez les sujets hypnotisés, peuvent conduire ceux-ci à des actes contraires à leur santé, à des mutilations, ou même au suicide. Pour la santé morale, parce que, peu à peu, l'hypnotisme fausse ou obnubile le sens moral ; parce qu'il expose à accepter, comme des vérités et comme des devoirs, les principes les plus insensés et les pratiques les plus criminelles ; et enfin parce que, en excitant l'amour du merveilleux, il ouvre insensiblement la voie au spiritisme.

6. — Quelquefois, dans des cas très rares,

l'hypnotisme peut cependant être utile, au point de vue individuel : ces cas sont ceux où l'on emploie l'hypnose, avec une prudence extrême, au traitement de certaines paralysies ou contractures hystériques, ou encore d'autres manifestations obstinées de la grande névrose. Ai-je besoin de dire que, dans les cas de ce genre, aucun scrupule moral ne saurait interdire l'emploi de l'hypnotisme au médecin qui est pleinement convaincu de son utilité ?

7. — Sauf dans les cas que nous avons passés en revue, l'hypnotisme devrait être considéré de la même façon que les grandes opérations chirurgicales, amputations, ouvertures de tumeurs, etc. De même que ces grandes opérations seraient immorales, et devraient être sévèrement interdites, si quelqu'un s'avisait de les pratiquer par amusement, ou pour faire montre de son habileté de main, de même l'hypnotisme devrait être toujours tenu pour immoral, et sévèrement interdit, quand il serait employé comme un spectacle ou un divertissement. De même que ces grandes opérations chirurgicales ne sont point permises à tous, mais seulement à ceux qui, après avoir donné des preuves de

leur aptitude spéciale, ont été autorisés à les pratiquer; de même l'emploi de l'hypnotisme, pour le traitement des maladies, ne devrait pas être permis à tous, mais seulement à ceux qui exercent l'art de guérir. De même que ces opérations chirurgicales ne doivent se faire que dans certains cas définis, expressément indiqués, de même il devrait en être des pratiques hypnotiques. De même que les opérations chirurgicales ne se pratiquent point dans des lieux publics, sur les places ou dans les théâtres, mais seulement dans des lieux destinés pour elles, de même il devrait en être pour l'hypnotisme. De même que les opérations chirurgicales ne se pratiquent point dans le mystère, en secret, et sans l'assistance de personnes capables et honnêtes, de même il devrait en être pour l'hypnotisme. De même que les opérations chirurgicales doivent toujours être pratiquées d'après les règles et avec les précautions que conseillent la science, l'expérience, et la saine raison, de même il devrait en être de l'hypnotisme. Et de même que, enfin, on ne peut ni ne doit abuser des opérations chirurgicales, de même il conviendrait d'apporter une réserve extrême à l'application médicale des pratiques hypnotiques.

Mais si l'exercice inconditionné et illimité de ces pratiques ne saurait se justifier en aucune façon, il en va tout autrement d'un exercice sage et réfléchi, fait dans des conditions spéciales et avec les restrictions nécessaires, et n'ayant pour objet que la guérison d'un malade. Nous sommes, quant à nous, bien éloignés de l'avis de ceux qui réprouvent et condamnent sans exception aucune l'emploi de l'hypnotisme ; et nous avons la profonde certitude que ceux-là se trompent, et que l'avenir ne pourra qu'achever de le démontrer. Au reste, tout ce que nous avons dit déjà de l'hypnotisme suffit pour expliquer notre sentiment sur ce point.

8. — Pour ce qui est des pratiques du spiritisme, au contraire, notre réprobation ne comporte point de réserves. Le spiritisme, en effet, présente pour la société et pour l'individu tous les dangers, comme aussi toutes les conséquences funestes de l'hypnotisme ; il en présente mille autres plus déplorables encore ; et il ne nous offre, en échange, aucun avantage, si ce n'est l'avantage, assez misérable, de nous

démontrer indirectement l'existence du surnaturel, dont nous avons par ailleurs assez de preuves manifestes.

Aux principes les plus répandus et les plus solides de la morale, sociale, civique, et individuelle, les communications spirites substituent des folies de toute espèce, variant d'un endroit à l'autre. Et tandis que dans ces communications, toutes les religions sont déclarées également bonnes, il semble qu'une seule exception soit faite pour l'unique religion qui n'admet aucune sorte d'erreurs ni de superstitions : pour la religion catholique et apostolique du Christ.

Chez les individus qui remplissent le rôle de médium, et chez ceux qui assistent à leurs opérations, le spiritisme produit ou bien l'obnubilation ou bien l'exaltation morbide des facultés mentales ; il provoque les névroses les plus graves, les plus graves névropathies organiques. C'est chose notoire que la plupart des médiums fameux, et bon nombre de ceux qui ont assidûment suivi les pratiques spirites, sont morts fous, ou atteints de troubles nerveux profonds.

Mais outre ces dangers et ces maux, qui sont communs à l'hypnotisme et au spiritisme, celui-ci en présente d'autres infiniment plus fâcheux, en raison du lien de plus en plus intime que ses pratiques établissent entre des êtres absolument différents de nature, de caractère, de sentiments, d'intelligence et de moralité. Ces dangers et ces maux, c'est à la théologie qu'il convient de s'en occuper ; nous ne pouvons ici que les signaler en passant.

Et que l'on ne prétende point que le spiritisme puisse du moins présenter, en échange, quelques avantages, tels que celui d'aider à la reconnaissance et à la guérison de certaines maladies ! La vérité est que, si parfois les indications ainsi obtenues se sont trouvées exactes et efficaces, presque toujours, au contraire, elles n'ont fait qu'aggraver l'état des malades. Les spirites nous disent bien que cela est dû à l'intervention d'esprits bouffons ou trompeurs : mais comment pourrions-nous être prémunis contre l'intervention et l'action de ces esprits malfaisants ?

Jamais donc le spiritisme, dans la pratique, ne saurait être justifié, sous quelque prétexte que ce fût, au regard de la société, ni de la morale, ni du bien-être individuel. Et, par là encore, il diffère grandement de l'hypnotisme, avec qui il peut parfois se trouver associé, mais, avec qui il n'a en commun ni sa nature, ni ses conséquences.

La seule chose qui, dans des circonstances données, pourrait être permise, relativement au spiritisme, serait une étude de celles des manifestations spirites qui se présentent spontanément : et encore à la condition que cette étude fût faite par des personnes d'une compétence reconnue, avec les autorisations et avec les précautions nécessaires. Dans des cas spéciaux, et moyennant les mêmes conditions, il pourrait être permis aussi, à un savant d'une compétence reconnue, d'étudier les manifestations provoquées du spiritisme, pour constater si certains faits existent réellement, dans quelle mesure ils peuvent être acceptés, et par quels moyens ils peuvent être distingués des supercheries.

Quant aux doctrines et aux enseignements moraux ou religieux que l'on peut tirer du spiritisme, nous ne nous abaisserons pas jusqu'à en parler. Qu'il nous suffise de rappeler le sage conseil de Dante : « Ne soyez pas comme une plume flottant à tous les vents, et ne croyez pas que toute eau puisse nous laver ! Vous avez l'Ancien et le Nouveau Testament, vous avez le Pasteur de l'Église, qui veille sur vous : que cela vous suffise pour votre salut[1] ! »

[1] *Paradiso*, chant V, 74-78.

CHAPITRE VIII

CONCLUSION

1. — De l'étude que nous avons faite, avec le plus de soin possible, de l'hypnotisme et du spiritisme, découlent naturellement les principes suivants, que nous allons formuler en façon de corollaires de notre travail :

2. — L'hypnotisme et le spiritisme, dès l'antiquité la plus reculée, ont été toujours connus, plus ou moins, presque chez tous les peuples ; et souvent leurs manifestations se sont trouvées associées, sous la forme de ce qu'on appelle l'hypno-spiritisme. Le « magnétisme animal » de Mesmer et de son école était, en général, la même chose que l'hypnotisme ; mais, dans certains cas particuliers, et entre de certaines mains, il devenait un mélange d'hypnotisme et de spiritisme, avec prédominance de l'un ou de l'autre.

3. — L'hypnotisme, sous sa forme propre, est constitué de phénomènes morbides déterminés,

pouvant être substitués l'un à l'autre, et pouvant être, aussi, artificiellement provoqués. Les phénomènes morbides de l'hypnotisme, d'ailleurs, ont tous un équivalent dans les phénomènes physio-pathologiques de la vie commune; et la suggestion, qui est l'un de ces phénomènes, n'échappe pas à cette règle générale. Enfin certains phénomènes hypnotiques peuvent être produits même chez les animaux.

Le spiritisme, sous ses formes propres, est constitué de phénomènes physiques et psycho-biologiques d'une nature absolument spéciale, et qui n'ont d'équivalents d'aucune sorte dans les conditions ordinaires de la nature cosmique. La télépathie se rattache très vraisemblablement au spiritisme.

4. — L'hypnotisme, suivant toute apparence, n'est que l'une des diverses expressions cliniques d'un état morbide individuel, peut-être de caractère hystérique, congénital ou acquis, permanent ou transitoire. Ses manifestations sont, toutes, d'ordre naturel; et il n'y a plus besoin d'imaginer un fluide magnétique pour expliquer des phénomènes dont l'origine naturelle est aujourd'hui expliquée d'une façon très

différente de celle qui avait cours autrefois, et infiniment plus rationnelle.

Le spiritisme est la manifestation d'une activité d'ordre surnaturel. Ses phénomènes ne peuvent s'expliquer qu'en partie par l'illusion, par l'hallucination, par la supercherie et la fraude, ou encore par des conditions physio-pathologiques spéciales chez les médiums ou leurs assistants. Pour un grand nombre de ces phénomènes, aucune loi physique ne saurait donner une explication probable, ni même vraisemblable. D'autres de ces phénomènes vont jusqu'à contredire les lois les mieux connues de la nature. Au reste, le spiritisme d'à présent est identique à la magie et à la nécromancie des Grecs, des Romains, et du moyen âge.

5. — Dans la vie pratique, l'hypnotisme et le spiritisme présentent de graves dangers et produisent des effets funestes, autant pour le corps que pour l'âme, aussi bien au point de vue de la société que de l'individu. Mais ces dangers et ces maux sont, de beaucoup, plus grands dans le spiritisme que dans l'hypnotisme propre ; et celui-ci a certains côtés utiles qui manquent tout à fait au spiritisme.

6. — L'hypnotisme doit être tenu pour immoral, et sévèrement interdit, lorsqu'il est pratiqué dans un dessein de curiosité ou de divertissement, ou bien encore lorsqu'il est pratiqué sans les précautions nécessaires. Mais, parfois, il peut être admis, et trouver son application, soit dans la justice publique, pour aider à établir certaines vérités de fait, ou dans la médecine, pour servir au traitement de certaines maladies : encore, même dans ces cas exceptionnels, ne doit-on pouvoir en user que sous certaines conditions, et dans certaines limites définies.

7. — Le spiritisme, lui, est toujours dangereux, funeste, immoral ; et l'on doit l'interdire et le condamner sévèrement, sans aucune restriction, à tous ses degrés, sous toutes ses formes et dans toutes ses manifestations possibles. Tout au plus pourra-t-on excuser une étude des phénomènes spirites faite, dans des cas très spéciaux, par des personnes autorisées, d'une compétence reconnue, et sans que celles-ci prennent part à la production des phénomènes qu'elles étudient.

FIN

BIBLIOGRAPHIE

Outre les divers travaux cités en note au bas des pages, voici encore quelques ouvrages que nous avons mis largement à contribution pour notre étude de l'hypnotisme et du spiritisme :

Hypnotisme.

Baréty, *Le Magnétisme animal*, Paris, 1890. — Bernheim, *Hypnotisme, Suggestion, Psychothérapie*, Paris, 1886. — Binet et Féré, *Revue philosophique*, 1885, n°s 1-3. — G. Campili, *Il Grande Ipnotismo*, Turin, 1896. — Charcot, *Hypnotisme*, Paris, 1890. — Cullerre, *Magnétisme et Hypnotisme*, Paris, 1895. — De Rochas, *Les états profonds de l'Hypnose*, Paris, 1895. — Fontan et Ségard, *Hypnotisme et Suggestion*, Paris, 1887. — P. Franco, *L'Ipnotismo tornato di moda*, Prato, 1886. — Gilles de la Tourrette, *L'Hypnotisme*, Paris, 1888. — Heidenhein, *Il cosi detto Magnetismo animale*, dans les *Archives médicales italiennes*, 1883, fasc. 4 et 5. — Legrand du Saulle, *Les Hystériques*, Paris, 1891. — Luys, *Hypnotisme expérimental*, Paris, 1880. — Maggiorani, *Influenza del Magnetismo sulla vita animale*, Naples, 1881. — Ochorowicz, *La Suggestion mentale*, Paris, 1887. — *Riforma medica*, 10 août 1895. — Ottolenghi, *La Suggestionne e le facolta psichiche occulte*, Turin, 1900. — Max Simon, *Le Monde des rêves*, Paris, 1888. — Emile Yung, *Le sommeil normal et pathologique*, Paris 1887.

Spiritismo.

Baudi di Vesme, *Storia dello Spiritismo*, Turin, 1896-1897. — Augustin Calmet, *Apparition des Esprits*, Paris, 1751. — Agénor de Gasparin, *Des Tables tournantes*, Paris, 1857. — Gérard de Caudemberg, *Le Monde spirite*, Paris, 1857. — *Civilta Cattolica*, 1884, 1885, 1890, 1891, 1892, 1895. — William Crookes, *Spiritism and Science*, dans le *Quarterly Journal of Science*, 1870 et 1871. — Dalloz, article « Escroquerie » dans le *Dictionnaire des Sciences médicales* de Dechambre. — Dechambre, *La Doctrine spirite* dans la *Gazette hebdomadaire de médecine et de chirurgie*, 1859. — Delanne, *Le Spiritisme devant la Science*, Paris, 1885. — Fichte, *Der neue Spiritualismus*, Leipzig, 1878. — Louis Figuier, *Histoire du Merveilleux*, tome IV, Paris, 1881. — Paul Gibier, *Le Spiritisme*, Paris, 1891. — Gurney, Myers, et Podmore, *Les Hallucinations télépathiques*, Paris, 1893. — Halm et Thomas, Article « Spiritisme », dans le *Dictionnaire des Sciences médicales* de Dechambre. — Robert Hare, *Experimental Investigations of the Spiritualistic manifestations*, Philadelphie, 1856. — Metzger, *Ipnotismo e spiritismo*, Turin, 1893. — Oheininger, *Der moderne Spiritualismus*, Augsbourg, 1880. — Rossi de Giustiniani, *Le Spiritisme dans l'Histoire*, Paris, 1879. — Charles Troufy, *Causeries spirites*, Paris, 1896. — J. Weber, *Ueber Wesen und Zweck des Spiritismus*, Budapest, 1875.

INDEX ALPHABÉTIQUE

DES NOMS PROPRES CITÉS

A

Aaron, 19, 20.
Adrien VI, 34.
Agrippa, 6.
Alciat, 4.
Alexandre VI, 34.
Alighieri (v. Dante).
Apius, 28.
Apollonius de Tyane, 141, 142.
Apulée, 29.
Archiducs d'Autriche, 217
Argine (Rinaldo dall'), 146.
Arioste, 37.
Aristote, 27, 256.
Astalli (marquise), 39.
Aubigné (Agrippa d'), 142.
Augustin (saint), 247, 256.
Azam, 16, 57, 90, 200.

B

Bailly, 9, 225.
Balsamo (v. Cagliostro).
Bastian Harry, 217.
Bellanger, 16.
Benoit IX, 31.
Berna, 13.
Bernheim, 17, 65.
Bertrand (Alexandre), 12.
Braid, 14 et suiv., 200.
Broca, 16.
Bruce Roberts, 144.
Bruno (Giordano), 37.
Buchner, 228.
Buguet, 215, 216.
Burdin, 12, 14.
Butlerof, 237.

C

Cagliostro, 9, 10.
Cantù, 3, 4.
Cardan, 6.
Cecco d'Ascoli, 32.
Cellini (Benvenuto), 37.
Cesalpin (Celse), 4.
Chabas, 2.
Chaldée, 1.
Chambard, 61.
Charcot, 17, 64, 75, 175, 177, 178, 200, 238.
Charlevoix, 42.
Charpignon, 16, 62.

Cicéron, 28, 140.
Cloquet, 16, 222.
Columelle, 28.
Concato (Luigi) 221, 233.
Cox, 160, 166.
Crookes, 129, 132 et suiv., 159 et suiv., 206, 210, 227, 236, 247, 252.

D

Dalhon, 37.
Damiani (Giovanni), 228.
Daniel, 24.
Dante, 29, 32, 35, 187, 256, 273.
Dardanus, 28.
Davenport, 214.
Davy (Humphry), 166.
Delrio, 38.
Demarquay, 17.
Denza (Domenico), 38.
Deslon, 9.
Dexter, 49.
Deuteronome, 21.
Donnet (Cardinal), 73.
Double, 14, 225.
Dubois (d'Amiens), 12, 13, 225.
Duval, 17.

E

Edmonds (John), 49.
Egyptiens, 1, 19.
Elymas, 24.
Epicure, 140.
Erato, 29.
Ermacora (J.-B.), 140, 150.
Eschine, 26.
Esdaile (James), 15.

Eurybate, 26.
Eusèbe, 30.

F

Faria (abbé), 11, 200.
Festus Pompée, 29.
Ficin, 7.
Figuier (Louis), 166.
Flammarion, 140.
Flavius (Josephe), 27.
Flint (A.), 220, 222.
Fludd (Robert), 6.
Foissac, 12.
Follin, 16.
Fox (famille), 43 et suiv., 222.
Franklin (Benjamin), 226.
Fulton (Robert), 226.

G

Gilbert, 6.
Giraud-Teulon, 17.
Glocerius, 6.
Gougenot de Mousseaux, 144.
Grèce, 2, 25.
Grégoire VI, 31.
Grégoire VII, 31.
Grégoire XV, 34.

H

Hare, 49.
Hébreux, 20 et suiv.
Heidenheim, 62.
Hell (le P.), 6, 7.
Helmont (Van), 6.
Heron-Laroche, 49.
Hilaire (saint), 30.

Home (Douglas), 157, 214.
Homère, 15.
Horace, 28.
Huc, 153.
Huggins (W.), 160, 166.
Humboldt, 158, 166.
Husson, 12, 13.

I

Innocent VIII, 34.
Innocent XI, 38.
Isaïe, 23.

J

Jacolliot, 153.
Jannes, 25.

K

Kant, 143, 244.
Kircher (le P.), 7, 183.

L

Lactance, 30.
La Mettrie, 82.
Laroche (v. Héron).
Lenormant (François), 1.
Léon X, 34.
Lewes (G.-H.), 228.
Lévitique, 21.
Liébault, 17, 71, 72, 266.
Liégeois, 17.
Lombard, 6.
Lombroso, 95, 162, 209.
Louis XVI, 9.
Luc (saint), 24.
Lucain, 28.
Lucien, 27.

M

Maggiorani, 66.
Mambres, 25.
Mapes, 49.
Markof, 237.
Maspero, 1.
Mèdes, 1.
Mesmer, 5 et suiv., 275.
Mesnet, 17.
Meunier (Victor), 16.
Michée, 24.
Minucius (Félix), 30.
Moïse, 19, 25.
Molitor (Ulrich), 4.
Morgan (Auguste de), 159.
Motte, 158.

N

Napoléon III, 156.
Noizet, 11, 200.

O

Olcott, 153.

P

Paladino (Eusapia), 209, 229.
Pansini, 134 et suiv.
Paracelse, 6, 7.
Paul (saint), 24, 27.
Pausanias, 26.
Peaux-Rouges, 41.
Périandre, 25.
Petetin, 11.
Pétrarque, 4, 142.
Pétrone, 29.
Philon, 30.
Philostrate, 27.

Phrynondas, 26.
Pitres, 200.
Platon, 26.
Pline, 28, 29.
Pomponace, 7.
Poninski (Adolphe), 228.
Potet (du), 12.
Puységur, 11, 200.

R

Résie (comte), 37.
Richardson, 166.
Richer (Paul), 200.
Richet (Charles), 17, 211.
Rois (Livre des), 21.

S

Samuel, 21 et suiv.
Saül, 21 et suiv.
Schiff (Maurice), 220, 221.
Scott (Michel), 32.
Scott (Reginald), 4.
Sergius (Paulus), 24.
Sibylles, 2.
Simon le Magicien, 24.
Simons, 49.
Sixte V, 34.
Socrate, 26.
Spree (Frédéric), 4.
Suétone, 28.
Swedenborg, 143, 144, 244.

T

Tallmadge, 49.
Tamburini, 70.
Tasse (le), 16.
Tertullien, 36.
Thimothée, 25.
Thomas d'Aquin (saint), 186.
Tirésias, 25.
Tourette (Gilles de la), 62, 108.
Tyane (v. Apollonius).
Tyndall, 166, 228.

U

Ulysse, 25.
Uspergentine (*Chronique*), 31.

V

Velpeau, 16, 222.
Verneuil, 16.
Virgile, 27, 29, 35.
Vizioli, 181.
Voisin, 266.

W

Wagner, 237.
Wallace (Alfred), 158, 161, 186.
Wierio (Jean), 4.
Winne, 166.

TABLE ANALYTIQUE DES MATIÈRES

INTRODUCTION

1. Importance et nécessité de l'étude du sujet. — 2. Ajournements apportés au présent travail. — 3. Base et nature des faits exposés. — 4. Ordre suivi dans le développement du sujet 1

CHAPITRE I
ESQUISSE HISTORIQUE

I. L'Hypnotisme

1. L'hypnotisme dans l'antiquité. — 2. L'hypnotisme au moyen âge. — 3. Mesmer et ses précurseurs : le Magnétisme et le Mesmérisme. — 4. Le Mesmérisme et le rapport de Bailly à la Faculté de Paris. — 5. Cagliostro. — 6. Les disciples de Mesmer. — 7. Le rapport de Husson à l'Académie de Médecine de Paris. — 8. Braid : le Braidisme et l'Hypnotisme. — 9. L'École française depuis 1858 jusqu'à nos jours. 1

II. Spiritisme

1. Le Spiritisme dans l'antiquité, et particulièrement en Egypte et aux Indes. — 2. Le Spiritisme chez les

anciens Hébreux. — 3. Le spiritisme au temps du Christ. — 4. Dans la Grèce antique. — 5. Dans l'ancienne Rome. — 6. Chez les Barbares et au moyen âge. — 7. Pendant la Renaissance. — 8. Chez les nations sauvages de l'Amérique. — 9. Le spiritisme en Europe depuis la Renaissance jusqu'à la seconde moitié du XIXe siècle. — 10. La famille Fox et le spiritisme moderne. — 11. Diffusion rapide du spiritisme. 12. Ses luttes, son développement, et ses formes diverses. 18

CHAPITRE II

LES FAITS PROPRES DE L'HYPNOTISME

1. L'hypnotisme *spontané* et *provoqué*. Le *grand* et le *petit* hypnotisme. — 2. Le petit hypnotisme spontané rend plus facile le grand hypnotisme provoqué. — 3. Crises hypnotiques; différence du phénomène initial dans les divers cas. — 4. Les diverses manières de produire l'hypnotisme provoqué. — 5. Les actions psychiques. — 6. Les actions sensorielles. — 7. Les actions mécaniques. — 8. Les actions physiques. — 9. Les actions toxiques. — 10. Influence des divers moyens hypnotigènes pour produire le phénomène initial de l'hypnotisme provoqué. — 11. Entraînement à l'hypnotisme. — 12. Transformation successive des diverses manifestations hypnotiques. — 13. La léthargie. — 14. Phénomènes corporels propres à la léthargie hypnotique : moyens de découvrir les simulations. — 15. La catalepsie et ses variétés. Hémicatalepsie et hémiléthargie. — 16. Le somnambulisme hypnotique : ses conditions physiques et psychiques. Transposition des sens. Hémiléthargie et hémicatalepsie somnambuliques. — 17. La suggestion. — 18. Suggestions *intra-hypnotiques, post-hypnotiques*, etc. Auto-suggestion. Suggestion mentale.

— 19. La suggestion dans les divers états hypnotiques. — 20. Objet propre de la suggestion. — 21. Résistance naturelle et propension acquise à la suggestion 55

CHAPITRE III

LES FAITS PROPRES DU SPIRITISME

1. Le médium et l'organisation des expériences spirites. 2. La *chaîne*, les *tables tournantes*, etc. — 3. La *danse des feuilles*. — 4. Augmentation et diminution du poids des objets. — 5. Phénomènes musicaux. — 6. Phénomènes lumineux. — 7. Transformations du médium. — 8. Taquineries et caresses des esprits. — 9. Conversations spirites. — 10. Ecrits spirites. — 11. Les esprits parlants. — 12. Matérialisation et réincarnation. — 13. L'apparition étudiée par William Crookes. — 14. Les étranges déplacements instantanés des petits Pansini de Ruvo. — 15. La télépathie. — 16. Les faits attribués au spiritisme existent-ils vraiment? Réponse de Crookes. — 17. Réplique à une objection 109

CHAPITRE IV

ANALOGIES ET DIFFÉRENCES ENTRE LES PHÉNOMÈNES DE L'HYPNOTISME ET CEUX DU SPIRITISME

1. Confusion fréquente entre les phénomènes hypnotiques et les phénomènes spirites. — 2. Analogie entre les deux ordres de phénomènes. — 3. Particularités caractéristiques de chacun d'eux. — 4. Association possible de l'hypnotisme et du spiritisme : hypno-spiritisme 170

CHAPITRE V

NATURE DE L'HYPNOTISME

1. Erreurs relatives à la nature de l'hypnotisme : réfutation. — 2. L'hypnotisme est un état morbide des centres nerveux. — 3. Mécanisme probable des rapports entre l'hypnotiseur et l'hypnotisé. — 4. Mécanisme probable du phénomène de la suggestion. — 5. Dédoublement et substitution de la personnalité. — 6. Les troubles organiques et la transposition des sens. — 7. La connaissance subite de langues inconnues, la clairvoyance, etc. chez les sujets hypnotisés. — 8. Caractère morbide de l'hypnotisme. — 9. L'hypnotisme est probablement une des diverses manifestations de l'hystérisme. — 10. Sujets hypnotiques et sujets hypnotisables 177

CHAPITRE VI

NATURE DU SPIRITISME

1. L'état mental des médiums ; évolution historique du spiritisme. Facilité avec laquelle il s'adapte aux goûts de ceux qui le cultivent. — 2. Hypothèse expliquant le spiritisme par l'hallucination et l'illusion. — 3. Hypothèse expliquant le spiritisme par la supercherie. — 4. Rôle considérable de la supercherie dans le spiritisme. — 5. Le médium Bastian à Vienne. — 6. Les supercheries inconscientes : les contractions rythmiques des muscles. — 7. La ventriloquie. — 8. Hypothèses pour expliquer les tables tournantes. — 9. Difficulté d'admettre ces diverses hypothèses. — 10. Les supercheries de certaines opérations spirites ne prouvent point que *tout* soit supercherie dans le spiritisme. — 11. Impossibilité d'expliquer par la supercherie certaines opérations d'Eusapia Paladino.

— 12. Opinion des prestidigitateurs sur la possibilité de simuler certains phénomènes spirites. — 13. Jamais aucun médium n'a révélé le secret des prétendues supercheries. — 14. Insuffisance des explications tirées de la contraction musculaire. — 15. Insuffisance de l'hypothèse de la ventriloquie. — 16. Insuffisance de l'hypothèse de l'hypnotisme. — 17. Réalité incontestable de certaines manifestations spirites. — 18. Nécessité de reconnaître à ces manifestations un caractère *préternaturel*. — 19. Hypothèses sur les causes préternaturelles des phénomènes spirites. — 20. Le spiritisme et l'ancienne magie . . . 204

CHAPITRE VII

EFFETS DES PRATIQUES DE L'HYPNOTISME ET DU SPIRITISME

1. Le point de vue social et le point de vue individuel. — 2. Les effets sociaux de l'hypnotisme ne sont que rarement utiles. — 3. Possibilité d'un rôle utile de l'hypnotisme dans les enquêtes judiciaires, dans l'éducation. — 4. L'hypnotisme et l'extase. — 5. Les effets individuels de l'hypnotisme ; ses dangers physiques et moraux. — 6. Utilité individuelle de l'hypnotisme dans le traitement de certaines maladies. — 7. Précautions indispensables pour l'emploi de l'hypnotisme. — 8. Les effets sociaux et individuels du spiritisme : ils sont toujours nuisibles, sans aucun avantage 258

CHAPITRE VIII

CONCLUSION

1. Les conséquences de la présente étude. — 2. L'hypnotisme et le spiritisme dans l'histoire. — 3. Les manifestations de l'hypnotisme et du spiritisme. — 4. Nature de ces deux ordres de faits. — 5. Leur

rôle dans la vie pratique. — 6. Avantages et inconvénients des pratiques hypnotiques : nécessité d'une réglementation à leur sujet. — 7. Immoralité et dangers des pratiques spirites : nécessité de les interdire absolument 275

Bibliographie 276
Index alphabétique 281
Table analytique des matières. 285

ÉVREUX, IMPRIMERIE CH. HÉRISSEY ET FILS

www.ingramcontent.com/pod-product-compliance
Lightning Source LLC
Chambersburg PA
CBHW071525160426
43196CB00010B/1661